KB064368

비겁한 죽음보다
참혹한   현실에 서다

**친구와
함께 읽는
고전
007**

비겁한 죽음보다 참혹한 현실에 서다
-《오이디푸스왕》 단단히 읽기

1쇄 | 2021년 3월 26일

원저 | 소포클레스
지음 | 이양호
옮김 | 이회천

편집 | 정미영
일러스트 | 민애리
마케팅 | 홍석근

펴낸곳 | 도서출판 평사리 Common Life Books
출판신고 | 제313-2004-172 (2004년 7월 1일)
주 소 | 경기도 고양시 덕양구 중앙로558번길 16-16. 7층
전 화 | 02-706-1970 팩 스 | 02-706-1971
전자우편 | commonlifebooks@gmail.com

이양호, 이회천 ⓒ 2021
ISBN 979-11-6023-270-7 (03160)
ISBN 979-11-6023-224-0 (세트)

친 구 와
함께 읽는
고 전
0 0 7

비겁한 죽음보다
참혹한 현실에 서다

《오이디푸스왕》 단단히 읽기

소포클레스 원저 | **이양호** 지음 | **이회천** 옮김

평사리
Common Life Books

들어가는 글

비참하지만 고귀한 사람

'아버지를 죽이고, 어머니와 함께 잠자리를 하며, 그 사이에서 동생이자 자식을 낳는 삶'을 작품이라고 내놓을 수 있단 말인가? 아무리 허구적인 작품이어도 그렇지, 너무 지나치지 않은가? 도대체 무엇이 인간사에서 일어날 수 있는 가장 비참한 지점을 응시하게 했을까? 니체의 물음 또한 이것이었다.

놀랍게도 그리스 비극이 절정에 이르렀을 때는 역사적으로 특별한 시기였다. 짧은 시간이기는 했지만, 그렇게 힘이 넘치면서도 장엄한 순간은 세계 역사에서 지금까지 누려보지 못한 위대한 시기였다. 니체 말대로 "이제까지의 인간들 중에서 가장 잘 살았던, 가장 아름다웠던, 가장 부러움을 샀던" 사람들이 살았던 시절이었다.

무엇보다도 그때 그리스인들은, 거대한 제국 페르시아의 침략을 물리쳐 그리스 세계를 보존했다는 자긍심으로 가슴을 가득 채웠다. 무력에서만이 아니라 문화와 예술에서도 마찬가지였다. 세계에서 가장 아름다운 건축물 중 하나라는 파르테논 신전이 건립되었으며, 세계 최정상의 조각품들이 셀 수도 없이 쏟아져 나왔다. 예술을 최적화하는 기술 또한 가히 다른 차원이었다. 공연무대에서 배우가 하는 말을, 3만 명의 관객 모두가 자신들 바로 앞에서 말을 하는 것처럼 또렷이 들을 수 있는 야외 공연장이 세워졌다. 정치에 있어서도 그들은 세계 최정상이었다. 시민이면 누구라도 민회가 열리는 아고라 광장에서 자신의 견해를 당당하게 주장할 수 있었고, 주장했다. 철학과 학문은 또 어떤가? 세계 4대 성인 중 한 명으로 꼽히는 소크라테스와 그의 제자이자 서양 철학의 아버지인 플라톤이 나왔다.

이렇게 위대함이 철철 흘러넘치던 때인데 '비극'을 삶의 한복판에 내놓는 아테네인들이라니! 자긍심과 기쁨이 넘쳐나던 때에 세상에서 가장 비참한 인간을 형상화한 작품을 교과서*로 내놓다니, 이들은 도대체 어떤 사람들이고 어떤 민족인가? 가장 극적으로 살았던 사람 중 한 명인 니체에게도 그것은 의문이었다. 그는 다음처럼 묻지 않을 수 없었다.

---

* 그리스 비극은 디오니소스 축제에서 공연되었는데, 갓난아이와 노예까지 포함한 전 인구의 10분의 1 정도가 관람할 수 있는 야외 공연장에서 이루어졌다. 그러니 비극이 그 당시 교과서라 해도 과언은 아니다. 플라톤의 말 또한 이점에 힘을 보탠다. 그는 비극의 원천이라 할 수 있는 《일리아스》를 지은 호메로스를 가리켜 "그리스인의 교사"라 했다.

아닌 게 아니라, 가장 강하고 가장 대담한 시대의 그리스인들에게 비극적 신화는 무엇을 뜻하는가? 그리고 디오니소스적인 것의 무시무시한 나타남(현상現狀)은?

이 물음을 풀기에 가장 적합한 인물이 오이디푸스다.《비극의 탄생》에 따르면, 오이디푸스는 "디오니소스적인 것의 무시무시한 나타남"이고, 그것을 견디어내어 "제 힘을 검증해보는" 사람이다. 니체에게 오이디푸스는 '강한 자'이고 '고귀한 자'였다. 그가 고대했던 초인(위버멘쉬)이었다. 세상에서 가장 비참한 사람 오이디푸스가 진정으로 강한 사람이고, 고귀한 사람이며, 초인인가?

이번 책에선, 지은이와 함께 실제로《오이디푸스왕》을 읽고 말을 나누었던 학생들의 이름을 그대로 실었다. 여러 팀들과 그 책을 읽었지만, 한 팀의 학생들 이름만 올리고 다른 팀 학생들의 이름은 올리지 못한 것이 못내 미안하다. 지금은 독일에 있는 한 고등학교에서 공부하고 있는 나재연 군은, 이 책에 나온 학생들과 함께 말을 나누었는데, 등장인물을 너무 많이 둘 수 없어 뺀 것이 특히 그러하다. 대신에 재연이의 독후감을 '독서토론을 위한 질문' 끝에 실었다. 학생들에게 '독후감 쓰기'의 한 예시를 보여줄 수 있겠다 싶어서이다. 등장하는 학생들이 책에 나오는 대로 말을 했던 것은 아니고 상당히 각색했음을 밝힌다. 선생으로 등장하는 박무하 군도 같은 학생이라는 것을 아울러 밝힌다.

학기를 끝내는 바쁜 와중에, 잠을 줄여가며 그림을 그렸을 동림 자유학교 민애리 선생님께 깊은 감사의 마음을 전한다. 풀이와 딱 들어맞으면서도 작품의 향기가 나는 그림이다.

젊은 학생들이 고전을 통해 격조 있는 삶을 배워, 하나의 작품 같은 삶을 살길 바라며…….

2021년 3월
이양호 씀

| 차 례 |

일러두기

* "Friedrich Hölderlin, *Die Trauerspiele des Sophokles*, Frankfurt/M.: Friedrich Wilmans, 1804."를 저본으로 하고 다음 책들을 참고로 번역했다.
R. M. Hutchins et al. ed., *Great Books of the Western World*, Vol. 5, Chicago: Encyclopedia Britannica inc., 1952.
강대진, 『오이디푸스왕』, 서울: 민음사, 2009.
천병희, 『소포클레스 비극 전집』, 고양: 숲, 2008.

* 소포클레스의 작품에는 막과 장이 없지만, 횔덜린이 번역하면서 나누었던 막과 장 구분을 그대로 두었다.

1막

1장

돌림병이 덮치다

오이디푸스, 사제 한 명

테바이 오이디푸스의 궁전 앞이다. 무대 오른편 제단 근처에 사제가 다양한 무리와 서 있다. 오이디푸스가 정문에서 나온다.

오이디푸스 오, 자녀들이여! 오래된 카드모스(테바이의 건국자)의 아들딸, 젊은 혈족들이여! 어째서 탄원하는 화관을 쓰고서 제단가에 둘러앉아 있소? 온 도시가 파이안(치료의 신)을 부르는 소리로 덮여 있고, 울부짖음과 냄새, 탄식과 찬가 그리고 향으로 뒤범벅되어 있구나. 자녀들이여, 나는 전령을 통해 그대들의 탄원을 듣는 게 옳지 않다고 여겨서 직접 왔소. 모두에게 명예를 얻은 오이디푸스인 내가!

(사제를 향해) 이들은 어리고 당신은 나이가 지긋하여 저들을 대변하기에 능숙하니 말하시오. 어째서 여기 앉아 두려워하고 시달리고 있소? 내가 반드시 돕겠소. 이런 탄원자들에게 연민을 느끼지 않는다면 난 냉혈한일 게요.

일훈   오이디푸스 집안에 무슨 일이 일어났나? 자녀들이 울부짖고, 탄식하고, 난리가 아니네.

민석   그게 아니고, 백성들을 자녀라고 표현한 거야. 유학儒學에서도 임금은 백성의 어버이라고 하잖아?

조윤   '파이안', 즉 치료의 신을 부르는 걸로 보아 오이디푸스가 다스리는 나라에 병이 돌고 있는 게 틀림없어.

일훈   '코로나19' 같은 병이 퍼졌나보지?

사제 오, 이 나라의 통치자 오이디푸스여! 당신께선 제단을 둘러싼 우리를 보시며 우리의 나이도 보고 계십니다. 더러는 멀리 날아갈 힘도 아직 갖추지 못한 사람들이고, 더러는 나이에 힘겨워하는 사제들이옵니다. 저는 제우스의 사제이고, 저들은 청년들 중 선택된 자들입니다. 다른 이들은 시장, 팔라스(아테네 여신)의 이층 신전, 이스메노스의 아폴론이 신탁을 내주는 재 앞에서 탄원할 때 쓰는 화관을 쓰고 있습니다. 깊은 심연에서부터, 피의 물결로 요동쳐 머

리를 들 수가 없기 때문입니다. 왕이시여, 당신께선 이 도시가 난파선처럼 흔들리는 것을 보십니다. 죽음이 땅의 열매와 들판의 소떼, 여인들의 태에도 떨어져 생명이 태어나지 못하고 있습니다. 게다가 불의 신이 더는 참혹할 수 없는 돌림병(역병)을 가져와 이 도시를 덮쳐, 카드모스의 집은 텅 비어가고, 검은 하데스(저 세상)는 탄식과 한탄으로 가득 채워지고 있습니다.

일훈　'코로나19' 같은 전염병이 돌고 있는 게 맞네.

 민석　그 뿐이 아니야. 곡식은 열매를 맺지 못하고, 가축들은 새끼를 낳지 못하고, 여인들은 임신이 안 돼. 총체적인 난국인 거지.

조윤　이 정도로 심각한데, 왕인들 뾰쪽한 수가 있을까?

민석　다른 왕이라면 몰라도 오이디푸스왕이잖아.

일훈　오이디푸스왕은 신이라도 된단 말이니?

민석　신은 아니지만, 신에 가장 가까이 간 인간이라고는 할 수 있어.

조윤　오이디푸스왕이 정말 그 정도로 위대한 사람이야?

 무하샘　어떻게 오이디푸스왕이 역병에 대처하는가를 보는 것도 중요하지만, 여기에 나오는 역병을 역사적으로 볼 필요도 있어요.

일훈 　《오이디푸스왕》이 역사적 사실을 다루었다는 말인가요?

무하샘 　그런 건 아니지만, 최초로 이 작품이 공연될 때 실제로 그리스 사회가 역병으로 큰 혼란에 빠진 상태였거든요.

 조윤 　이 작품이 언제 공연되었죠?

무하샘 　기원전 429년에 처음(?)으로 공연되었어요.*

민석 　그러면 펠로폰네소스 전쟁(기원전 431년)이 터진 지 1년 만에 역병이 창궐했으니까, 이 작품은 역병 한가운데서 쓰여지고 공연된 거네.

일훈 　역병이 어느 정도였는데? 코로나19만큼은 아니었지?

민석 　아니지! 아테네인에게 코로나19와 그들이 겪었던 역병을 비교하는 건 크나큰 실례야. 그들 인구 4분의 1이 이 역병으로 죽었거든.

조윤 　죽었다고? 아테네 인구 4분의 1이?

일훈 　도대체 어떤 역병이었기에 그렇게 치명적이었던 거야?

민석 　병명을 정확히 알 순 없어. 다행히 이 역병에 걸렸다가 살아난 사람이 병의 증상 등에 대해 꽤 자세히 써놓은 게 있어서 그것을 바탕으로 추정할 수는 있어. 장티푸스라고도 하고, 홍역이라고도 하고, 심지어 에볼라라고 추정하는 사

---

* 최혜영 교수는 《오이디푸스왕》이 기원전 430~428년 사이에 창작되었다고 보지만, 천병희 교수는 기원전 436~433년 사이에 창작되었을 것으로 본다.

람도 있어.

조윤 그것을 기록해 놓은 사람은 누구고, 병의 증상이 어떻다고
      했는데?

 민석 투퀴디데스가 《펠로폰네소스 전쟁사》에 밝혀 놓았어. 그
      부분을 조금 읽어줄게.

  평소 건강한 사람들이 별 이유 없이 갑자기 감염되었는데, 최
초 증상은 고열이 나고 눈이 빨갛게 충혈되는 것이었다. 입안에
서는 목구멍과 혀에서 피가 나기 시작하고, 내쉬는 숨이 부자연
스럽고 악취가 났다. 다음에는 재채기가 나며 목이 쉬었다. 얼마
뒤 고통이 가슴으로 내려오며 심한 기침이 났다. 이 병이 복부에
자리 잡게 되면 복통이 일어나면서 의사들이 이름을 붙인 온갖
담즙을 토하게 되는데, 큰 고통이 따랐다. 이어서 대부분의 경우
헛구역질과 함께 심한 경련이 일어나는데, 이런 경련은 어떤 사
람들은 구역질을 하고 나면 곧 완화되었지만, 어떤 사람들은 한
참 뒤에야 완화되었다. 겉으로 만지기에는 살갗이 별로 뜨겁지
도 않고, 창백하기는커녕 오히려 불그스레하게 피멍이 들어 있
으며, 작은 농포와 종기가 돋아났다. 그러나 속으로는 타는 듯 뜨
거워서 환자는 가장 가벼운 리넨 옷이 닿는 것조차 참을 수 없어
홀랑 벗고 싶어 하며, 아닌 게 아니라 찬물에 뛰어드는 것이 가장

큰 소원이었다. 돌보는 사람이 없는 많은 환자들이 식힐 수 없는 갈증에 시달리다가 실제로 저수조에 뛰어들곤 했다. 그러나 물을 많이 마시건 적게 마시건 갈증에 시달리기는 매일반이었다. 게다가 환자들은 계속해서 불면증에 시달려 쉴 수가 없었다. 병세가 최고조에 이른 기간에도 몸은 쇠약해지기는커녕 모든 고통에 대해 놀랄 정도의 저항력을 갖고 있어, 대부분의 환자가 몸속의 체열 때문에 숨을 거두는 아흐레 또는 이레째 되는 날에도 여전히 힘이 남아 있었다. 그러나 환자들이 이 기간을 넘기면, 역병이 배로 내려가 심한 궤양과 걷잡을 수 없는 설사를 유발해서 나중에는 대부분 그 때문에 쇠약해져 죽었다. 이렇듯 이 역병은 먼저 머리에 자리 잡고는 꼭대기부터 시작해 온몸을 타고 아래로 내려갔다. 또한 누가 최악의 결과를 피한다 해도 이 역병은 적어도 사지를 공격한 흔적을 남겼다. 이 역병은 생식기나 손가락이나 발가락을 공격해, 살아남은 많은 환자들이 이 지체들의 기능을 상실했고 더러는 시력을 잃었으니 말이다. 기운을 차리고 나면 기억력을 완전히 상실하여 자신이 누군지도 모르고, 가장 가까운 사람들마저 알아보지 못하는 환자들도 더러 있었다. 이 역병의 증상은 실로 말로는 다 표현할 수 없었다. (투퀴디데스 지음, 천병희 옮김,《펠로폰네소스 전쟁사》, 178~179쪽, 49)

일훈   아, 끔찍하다! 치료할 방법이 아예 없는데 이런 상태에 놓
       이면 정말이지 공포 그 자체겠다.

조윤   결국 신탁에 의지할 수밖에 없겠지.

민석   투퀴디데스에 의하면 그것도 소용없었대.

    이토록 역병이 창궐해 인명 손실이 크게 났다는 기록은 아무
데도 없다. 처음에는 무슨 병인지 몰라 의사들이 제대로 치료를
할 수 없었다. 환자들과 접촉이 잦으니 실제로 의사들이 가장 많
이 죽었다. 인간의 그 밖의 기술도 전혀 소용이 없었다. 신전에
가서 탄원을 해도, 신탁에 물어도, 그 밖에 그와 비슷한 행위를
해도 소용없기는 매일반이었다. 마침내 사람들은 불행에 압도되
어 그런 노력마저 그만두기에 이르렀다. (투퀴디데스 지음, 천병희
옮김,《펠로폰네소스 전쟁사》, 176쪽, 47)

조윤   역병 때문에 그리스가 이런 상황이었다면, 역병 퇴치 문제
       를 한 축으로 다루고 있는 '오이디푸스왕' 작품과 그 공연
       이 현실과 딱 겹쳐져 느껴질 수밖에 없었겠다.

민석   이 작품은 그리스가 겪고 있던 '절체절명'의 현실적인 위기
       를 어떻게 극복할 것인가를 염두에 두고서 쓴 작품이라고
       도 할 수 있을 것 같아.

일훈　그렇다면 우리가 코로나19를 어떻게 극복할 수 있는가에 대해서도 생각해볼 수 있는 작품이겠는데?

사제　나와 이 어린 사람들이 이 제단에 모인 것은 당신을 신과 대등하다고 여겨서가 아니라, 세상의 여러 일들에서나 신적인 일을 다루는 데 있어 당신이 인간들 중 으뜸이라고 여기기 때문입니다. 당신은 카드모스의 도시(테바이를 가리킴)로 와서 잔혹한 여가수(스핑크스)에게 바치던 공물로부터 우리를 해방시켜주었습니다. 당신은 우리에게서 무슨 특별한 것을 듣거나 배운 것이 아니라, 오직 신의 도움에 힘입어 이를 행했고, 그랬다고 여겨집니다.

조윤　오이디푸스가 테바이 시민들을 "잔혹한 여가수(스핑크스)에게 바치던 공물로부터 해방시켜주었다"고?

 민석　그가 '스핑크스의 수수께끼'를 풀어 테바이를 해방시켰거든.

조윤　아, 스핑크스가 낸 수수께끼를 풀어서 스핑크스를 하데스로 보내버린 일!

일훈　'스핑크스의 수수께끼'는 뭐고, 그녀에게 바친 '공물'은 또 뭐야?

민석　스핑크스가 테바이 사람에게 수수께끼를 내서 풀지 못하

면 그 사람을 잡아먹었어. 테바이 사람 중 누구도 그가 낸 수수께끼를 풀지 못했어. 그래서 테바이 사람은 날이면 날마다 스핑크스의 밥이 되어야 했지. 지옥이 따로 없었어.

일훈   수수께끼를 풀겠다고 덤비지 않으면 안 죽을 거잖아?

민석   그럴 선택권이 테바이 사람들에게 주어지지 않았거든. 스핑크스는 무시무시한 힘의 소유자였어. 얼굴은 사람이지만, 몸통은 사자이고 거기에 날개까지 달렸거든.

일훈   무슨 대단한 수수께끼이기에 못 풀면 죽어야 했고, 또 아무도 풀지 못한 거지?

조윤   '아침에는 네 발이었다가, 낮이 되면 두 발로 바뀌고, 저녁이 되면 세 발로 바뀌는 것은 무엇인가?' 이게 스핑크스가 낸 수수께끼야.

일훈   이걸 알아맞히는 게 뭐 어렵다고 아무도 못 풀었지? 스핑크스 자신이잖아? 사자의 몸이니까 네 다리이고, 사람의 얼굴이 되면 두 다리로 바뀌고, 몸을 세우면 사람의 두 다리에 사자의 꼬리까지 해서 세 다리로 바뀌잖아?

민석   신박한 풀이다! 그런데 아침, 낮, 저녁에 대한 의미는 빠졌잖아!

일훈   어린 시절은 사자 같은 힘을 뽐내며 천방지축 뛰어다니다가, 철이 들어 사람 같은 얼굴이 되어 위엄 있게 살다가, 늘

그막엔 사자 같았던 힘도 빠지고 사람의 위엄도 빠져 꼬리를 다리삼아 늘어뜨린 채 앉아 있는 꼴이 다리가 딱 셋인 꼴이잖아?

조윤 　듣고 보니 그럴 듯하다. 하기야 수수께끼에 꼭 한 가지 답이 있어야 한다는 법은 없으니까, 일훈이의 풀이도 인정해 줘야 한다고 생각해.

일훈 　당연하지. 그런데 오이디푸스가 푼 건 내가 푼 것과 달랐나 보지?

민석 　응, '사람'이 답이야. 아기 땐 네 다리로 기어 다니다가, 크면 두 발로 걷고, 늙으면 지팡이에 의지해 살아가야 하는 사람 말이야.

일훈 　내 풀이에서 그리 멀지 않네. 어쨌든, 오이디푸수가 수수께끼를 푼 뒤 테바이엔 평화가 왔겠네?

민석 　맞아. 사람이 수수께끼를 푼 걸 본 스핑크스가 너무 화가 난 나머지 펄쩍펄쩍 뛰다 낭떠러지로 떨어져 죽어버렸거든.

조윤 　그런데 스핑크스는 왜 그렇게 사람들을 못살게 굴었을까?

민석 　원래부터 스핑크스가 잔혹하고 폭력적이기만 한 존재는 아니었어. 이집트에도 스핑크스 신화가 있는데, 파라오의 권력과 지혜를 상징했지. 그리스에서도 그것이 지혜와 힘의 상징이긴 마찬가지였어. 그리스의 배꼽인 델포이에, 낙소스인들이 높은 기둥 위에 스핑크스를 세우고 그에게 신탁을 빌 정도로 인간이 의지하는 존재였거든.

조윤 그런 존재였던 스핑크스가 언제부터, 왜 사람을 못살게 구는 존재로 바뀌어버렸지?

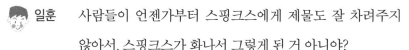

일훈 사람들이 언젠가부터 스핑크스에게 제물도 잘 차려주지 않아서, 스핑크스가 화나서 그렇게 된 거 아니야?

조윤 그럴지도 모르겠다. 사실 '스핑크스 수수께끼' 이야기는 인간이 스핑크스를 극복했다는 거잖아? 무엇이 되었건 그것을 극복하려면, 극복 이전에 반드시 고통과 고난이 따르듯, 테바이 사람들도 고통을 겪었던 거지. 수수께끼를 풀었다는 것은 수수께끼를 낸 존재보다 더 지혜로운 존재(지식인)라는 말이니까, 오이디푸스에 와서 인간은 '사자'의 폭력적인 힘을 극복하는 존재가 되었다는 소리를 이 이야기로 표현했다는 생각이 든다.

민석 생각해보면 스핑크스가 낸 수수께끼의 답도 예사롭지 않아. '사람에게 사람에 대해 알고 있는가'를 묻고 있는 셈이니까. 사람을 아는 게 바로 앎(지혜, 지식)이라는 거지.

무하샘 "사람을 아는 게 앎"이라는 말을 하니까 생각난 게 있어요. 제자가 공자에게 "앎이란 무엇이냐"고 묻자, 공자는 "사람

의 마땅함에 힘쓰고, 신을 공경하되 멀리하는 게 앎(務民之義, 敬鬼神而遠之, 可謂知矣. 옹야 20장)"이라고 했어요. 신이 아니라, 사람을 알아 사람의 마땅함에 따라 살 때 '앎'이 있는 것이라고 했으니, 공자의 문제의식과 그리스인의 문제의식이 이 지점에선 닮아 있다고 할 수 있겠네요. 게다가 시대도 비슷해요.

민석   오이디푸스에 의해서이긴 하지만 앎을 갖춘 사람이 되었으니, 이제부터는 사자의 힘을 두려워하지 않아도 되는 사람이 된 거지.

일훈   듣고 보니 그렇네! 사람이 사람을 몰라서 잡아먹히고, 사람이 사람을 알게 되자 사람에게 삶과 평화가 찾아왔으니 말이야.

조윤   일훈이, 멋지다~~

사제 지금도, 오, 누구보다 강한 오이디푸스여! 우리를 보호해 달라고 당신께 탄원합니다. 신들의 지혜로운 목소리를 들으시든, 인간의 지식으로든 우리를 구원하소서. 경험으로 숙련된 이의 조언이 가장 적절하다는 것을 우리는 압니다. 자, 죽을 수밖에 없는 인간들 중 최고의 인간이시여! 이 도시를 다시 일으키십시오. 그대의 명예를 지키소서. 오래 전에 그대가 보여주신 지혜를 기억하며 이

나라는 당신을 구원자라 부릅니다. 당신의 통치를, 처음엔 곧게 세
워졌으나 나중엔 다시 쓰러져버린 것으로 기억하지 않게 해주소
서. 굳건하게 이 도시를 일으키십시오! 이전에 이미 우리에게 행운
과 좋은 징조를 가져오셨으니 이번에도 그때와 같은 분이 되어주
소서. 지금 이 나라를 통치하고 계시는 당신께서 앞으로도 이 나라
를 통치하실 텐데, 사람으로 가득 찬 것이 텅 빈 나라를 통치하는
것보다 낫지 않겠습니까? 성이 되었건 배가 되었건, 그 안에 사람
이 살지 않는다면 그 자체만으론 아무것도 아닐 테니 말입니다.

일훈   오이디푸스가 이전에 테바이를 구원한 적이 있어서 이번
        에도 구원해 달라고 몰려온 거구나.

조윤   그는 "죽을 수밖에 없는 인간들 중 최고의 인간"이니까!

일훈   오이디푸스는 이방인인데 어떻게 테바이의 통치자가 될
        수 있었지?

 민석   그건 뒤에 나오니까 그때 가서 얘기하자.

오이디푸스 오, 불쌍한 자녀들이여. 그대들이 원하는 바를 나도 잘
알고 있소. 그대들이 아프다는 걸 어찌 모르겠소? 하지만, 그대들
중 누구도 나만큼 아픈 사람은 없을 것이오. 그대들의 고통은 각자
에게만 해당할 뿐 다른 사람과는 무관하오. 그러나 내 영혼은 이

나라와 나 자신, 그리고 당신들을 동시에 슬퍼하고 있으니 말이오. 그대들은 세상천지 모른 채 잠만 자고 있던 나를 깨운 게 아니오. 내가 많이 울고, 걱정의 길을 이리저리 헤매고 다녔음을 그대들이 알기 바라오. 숙고 끝에, 단 하나의 방안이 떠올라 나는 그것을 이미 실행했소. 메노이케우스의 아들이자 내 처남인 크레온을 퓌토(델포이)에 있는 포이보스(델포이의 주신인 아폴론)의 집으로 보냈소. 내가 이 도시를 구하기 위해 무엇을 하고 무엇을 말해야 하는지 알아보도록 말이오. 그러나 날짜를 세어보니 여러 날이 지나, 나는 하루하루가 괴롭소. 그가 무얼 하는지 걱정되오. 필요 이상으로 지체되고 있으니 말이오. 그가 왔을 때 신께서 계시한 모든 것을 따르지 않는다면 나는 파렴치한일 게요.

조윤　오이디푸스가 그래도 왕이라고 이 사람들보다 한 발 앞서 나갔는데?

민석　그래야지. 온 나라를 비통으로 빠뜨린 일이 생겼으니, 왕이라면 당연히 그것에 대한 대책을 마련해야 하고말고.

일훈　대책이라 해봤자 아폴론의 사제에게서 신탁을 듣자는 건데, 그게 뭐 대수라고 그러니?

조윤　지금의 문명에서 보면 비판거리겠지만, 그 당시 과학 수준을 감안하면 문젯거리가 아니라고 생각해.

민석   2500년보다 더 이전의 일이야. 그때는 세상 어디서나 신탁
       이 국가의 일을 결정하는 데 중요한 역할을 했어.

사제 아름다운 말씀입니다. 그런데 방금 크레온의 도착을 저들이
알려왔습니다.
오이디푸스   오, 아폴론왕이시여! 크레온이 그의 빛나는 얼굴처럼
구원의 눈을 반짝이며 오기를!
사제 그는 기뻐 보이는군요. 그렇지 않다면 나무 중 으뜸인 월계수
로 만든 관을 쓰지 않았을 테니까요.

2장

왕을 살해한 자를 벌하라

오이디푸스, 사제 한 명, 크레온

오이디푸스 곧 알게 되겠지요, 그의 말이 들리니! 오, 왕자, 처남,
메노이케우스의 아들이여, 신으로부터 그대는 어떤 말을 가져
오오?

크레온 좋은 말입니다. 나쁜 점도 있지만, 결과가 좋다면 전체적으
로는 좋은 것이니까요.

오이디푸스 무슨 뜻이오? 그 말은 나에게 용기도, 두려움도 일으키
지 않으니 말이오.

크레온 모두가 있는 여기서 듣고 싶으십니까? 여기서든, 함께 들
어가서 들으시든 전 준비되었습니다.

일훈 뭔가 냄새가 나지 않니? 그렇지 않다면 굳이 "여기서든, 함께 들어가서 들으시든 전 준비되었습니다"라고 말할 이유가 없잖아? 사람들 없는 데서 말하는 게 좋겠다는 투잖아.

민석 좋은 것도 있지만 나쁜 것도 있다고 한 점으로 보아 뭔가 곤란한 게 있을 것 같긴 하다.

조윤 오이디푸스왕이야 켕기는 게 없으니까 당당할밖에.

오이디푸스 모두의 앞에서 말하게. 나는 내 영혼보다도 이들을 위해 슬픔을 짊어지고 있으니까.

크레온 그럼 신께 들은 바를 말하겠습니다. 포이보스왕께선 분명히 명령하셨습니다. 이 나라가 기른 더러움을 내쫓으라고, 치유할 수 없는 그 불치병을 품고 있지 말라고요.

오이디푸스 어떤 정화의식을 해야 하오? 그 더러운 것은 무엇이오?

크레온 추방하거나, 살인을 살인으로 종결하라고 하셨습니다. 그 피가 이 나라에 폭풍을 몰고 왔다고 하시면서요.

오이디푸스 신은 대체 누가 당한 운명을 끄집어내신 것이오?

크레온 오, 왕이시여! 당신께서 이 나라를 올바로 이끌기 전에는 라이오스가 왕이었습니다.

오이디푸스 나도 알고 있소. 본 적은 없지만 들은 적이 있소.

크레온 그분은 살해되셨습니다. 신께서는 분명히 명령하셨습니다. 그분을 죽인 자들을 응징라고요.

오이디푸스 그들은 대체 어디에 있소? 옛 범죄의 보이지 않는 흔적을 도대체 어디에서 찾아야 하오?

크레온 신께선 '이 나라'에서라고 하셨습니다. 찾는 건 잡히고, 간과하는 건 도망치는 법이지요.

오이디푸스 라이오스가 쓰러진 곳은 집 안이오, 들판이오? 아니면 외국에서 그리 되었소?

크레온 신탁을 듣기 위해 밖으로 나간다고 직접 말씀하셨는데, 집을 떠난 후로는 돌아오지 못했지요.

오이디푸스 사건에 대해 알고 있는, 조사할 만한 전령이나 호위가 없소?

크레온 한 명만 빼고 모두 죽었습니다. 그는 두려워 도망쳐왔기에, 우리에게 단 한 가지밖에는 말해준 게 없습니다.

오이디푸스 그게 뭐요? 단서가 될 만한 것이라면 작은 것이라도 여럿을 알게 될 수 있을 거요.

크레온 그는 도적들이 공격했다고 말했습니다. 한 명의 힘이 아닌 여러 손이 그분을 죽였다고요.

오이디푸스 이 나라 내부에서 매수해 꾸민 게 아니라면, 감히 도적이 엄두나 낼 수 있는 일인가?

크레온 다들 그렇게 생각했습니다. 그런데 라이오스가 죽은 뒤 이 나라에 재앙이 덮쳐, 그의 원수를 갚아줄 자가 한 명도 없었습니다.

오이디푸스 어떤 크나큰 재앙이기에 왕이 쓰러졌는데도 조사를 방해했단 말이오?

크레온 노래 부르는 스핑크스 때문에, 어두운 과거사는 내버려둔 채 발 앞의 문제에만 매여 있었습니다.

오이디푸스 내가 이것을 처음부터 밝힐 것이오. 적절하게도 포이보스왕께서, 그리고 그대도 고인을 신경 써주었으니 말이오. 당신들은 나를 분명한 전우戰友로, 나라와 신을 위해 복수하는 자로 보게 될 것이오. 먼 친척을 위해서가 아니라 나 자신을 위해 이 역겨움을 몰아낼 것이오. 왕을 죽인 자는 그 손으로 나까지도 살해하길 원할 게 틀림없기 때문이오. 그러니 고인께 봉사하는 건 내게도 유익하오. 그대들, 자녀들이여, 어서 계단에서 일어나오. 그리고 탄원하는 나뭇가지를 가져가시오. 누가 카드모스의 백성을 불러오도록 하시오. 나는 모든 것을 할 것이오. 우리가 번성할지 비탄에 잠길지, 신께서 결정하리다.

 무하샘 지금까지 본 것을 바탕으로, '오이디푸스는 어떤 사람인가?'에 대해 각자의 생각을 말해볼까요?

조윤 상당히 합리적이고 주도면밀하다는 생각이 드네요. 왕이

살해되었는데도 조사를 하지 않은 까닭을 물은 다음, 그가

살해된 곳이 어디인지, 목격자가 있는지, 목격자의 진술 외

에 작은 단서라도 있는지를 차근차근 묻는 게, 마치 경험이

풍부한 형사를 보는 듯 해요.

일훈　묻기만 한 게 아니야. 물음을 바탕으로 추론도 했어. 영락

없는 형사야. 범인을 잡을 땐 형사가 최고지.

민석　스핑크스의 수수께끼를 풀 땐, '인간'에 대해 아는 현자였고.

조윤　백성들이 고통으로 울부짖을 땐, 함께 아파하며 대책을 찾

았어. 그땐 영락없는 통치자였고.

(오이디푸스와 크레온 퇴장.)

사제들　오, 자녀들이여! 일어납시다. 왕께서 말씀하신 이것 때문에

우리가 여기 왔잖습니까. 예언을 보내주신 포이보스께서는 부디

구원자이자 의사醫師로서 우리에게 오시길.

코로스(좌1)　오, 제우스의 친절한 말씀이여! 그대는 무엇을 전하러

황금이 많은 퓌토(델포이, 델피의 다른 이름)에서 영광스러운 테바이

로 왔는가? 나는 두려운 생각에 긴장하며 공포에 비틀거리고 있도

다. 델로스의 치유자(아폴론)시여, 당신께서 가져올 불운에 두렵습

니다. 어떤 새로운 고통인지, 아니면 순환하는 계절이 마디를 지을

때마다 되풀이되는 것인지 말해주소서. 불멸의 목소리여! 금빛 희망의 딸이여.

코로스(우1) 당신을 부릅니다. 제우스의 따님, 불사의 아테네여! 그리고 그의 자매이자 이 땅의 수호신이며 아고라라는 광장의 왕좌에 앉아계신 아르테미스를, 또한 멀리까지 맞히는 포이보스를 부릅니다. 죽음을 막는 세 수호자시여! 나타나소서! 이전에도 도시에 몰려온 재앙에 맞서 파괴의 불길을 몰아내셨다면 이번에도 오소서, 신들이시여!

코로스(좌2) 아, 우리는 헤아릴 수 없는 큰 슬픔에 잠겼고, 온 백성이 병들었습니다. 누구에게도 걱정을 무찌를 창이 없습니다. 명성높은 나라에서, 새싹들이 자라지 못하고 여인들은 탄생을 위한 애절한 노고를 견디지 못합니다. 한 명 또 한 명이 힘찬 날개가 달린 새처럼, 날뛰는 불보다 빠르게, 서쪽 죽음의 신이 있는 해안으로 달려가는 것을 보십니다.

 조윤 코로스(합창단)가 갑자기 왜 등장하지? 굉장히 길게 노래하는데, 그들의 역할은 뭘까?

무하샘 그리스 비극은 디오니소스신을 기리는 축제 때 행해진 노래 경연대회에서 유래했다는 게 정설인데요. 노래는 일반적으로 한 사람이 창唱을 하면 군중이 되받는 형식으로 진행되었다고 해요. 그러다가 창을 하는 사람이 배우가 되고, 군중의 역할을 합창단(코로스)이 맡으면서 극으로 발전한 것으로 추측하고 있죠.

민석　그러면 코로스는 일반적인 사람들의 느낌이나 판단을 알리는 역할을 하겠네요?

무하샘　옙! 합창을 통해 극의 내용을 관객들에게 설명하고 해설하기도 해요. 비극에서 합창의 역할에 대해 김상봉 선생님은 이렇게 말씀하셨어요. "대개 합창단은 불특정의 시민 공동체를 형상화하며, 추상적으로 표현하자면 보편적인 정신 또는 공공적인 이성을 형상화하는 것이라 할 수 있습니다. 쉽게 말하자면 합창단은 시민 공동체, 아니 극장에 모인 관객들 자신의 대표자인 것입니다. 그런 한에서 합창은 고립된 개별성에서 벗어나 공동체를 이룬 시민적 주체성의 상징이라 할 수 있습니다."(김상봉,《그리스 비극에 대한 편지》, 한길사, 2003, 236)

코로스(우2)　헤아릴 수 없는 죽음으로 도시는 죽어가고 있습니다. 아이들은 맨땅에 누워 애도도 없이 죽음을 흩뿌리고, 아내들과 백발의 어머니들은 제단 여기저기에서 애원하며 탄식하고 있습니다. 파이안(보통, 치료의 신인 아폴론을 지칭한다.)의 빛나는 소리가 탄식하는 목소리와 섞여 있습니다.

코로스(좌3) 오, 제우스의 금빛 따님(아테나)이시여! 혜안을 가진 분이여, 구원을 보내주소서. 우리는 청동 방패도 없이 비명에 둘러싸여 우리를 불태우는 사나운 아레스(전쟁과 파괴의 신)와 싸워야 합니다. 그가 뒤돌아 나라 밖으로 달아나게 하시되, 암피트리테(포세이돈의 아내)의 거대한 침실(포세이돈의 영역인 바다를 가리킨다.)이나 항구가 없는 트라케의 파도 속으로 가게 해주십시오. 밤이 가면 낮이 옵니다. 오, 불을 나르는 번개를 관장하는 제우스 아버지여! 당신의 벼락 아래에 그를 죽이소서.

코로스(우3) 뤼케이오스(아폴론)왕이시여, 황금줄 매인 활로 쏜 무적의 화살들로 우리 편에 서주소서. 그리고 뤼키아산맥을 뛰어다니는 아르테미스의 횃불도 함께해주소서. 또한 황금 터번을 쓰고 자신의 이름을 우리 나라에 주신(테바이를 세운 카드모스의 딸이 세멜레인데, 세멜레가 디오니소스의 어머니여서 이렇게 말함.), 마이나데스인(디오니소스의 여신도)들과 함께 떠돌며 포도주빛 얼굴을 한 박코스(디오니소스)께서도 동맹자가 되어 번쩍거리는 횃불로써, 신들 중 불명예스러운, 저 신(파괴와 질병을 가져오는 아레스)과 싸우소서.

🙂 일훈   이 작품을 이해하는 데 중요하지 않은 것 같지만, "포도주빛 얼굴을 한 박코스께서도 동맹자가 되어"달라고 한 건

뭐지? 박코스가 술의 신 아니니? 술에 잔뜩 취해 비참함을 잊어버리겠다는 것도 아닐 테고.

민석 중요한 물음이야. 술의 신 박코스가 바로 디오니소스 맞아. 쌤이 말씀했듯 그리스 비극은 디오니소스에게 바쳐지는 작품이니까, 그에게도 구원을 요청하는 게 당연하지.

조윤 비극이 술의 신인 디오니소스에게 바쳐졌다는 게 믿기지가 않아.

무하샘 학자들에게도 이해가 잘 안 되긴 마찬가지예요. 학자들이 대체로 동의하는 게 있는데, 비극은 디튀람보스 dithyrambos에서 시작되었다는 거예요. 디튀람보스는 경쾌한 리듬과 장난기 어린 대사로 된 노래였을 것으로 추측해요. 디오니소스 제전 때 불린 노래이니까 당연하다고 할 수 있죠. 문제는, 어떻게 《오이디푸스왕》처럼 장중한 비극이 그런 코미디 같은 노래로부터 나왔을까, 이해가 안 된다는 거죠? 몇 가지 가설이 있는데요, 첫째는 디오니소스가 술의 신일뿐만 아니라 변신의 신이기도 하다는 점에서 찾아요. 변신은 모방과 밀접한 관련이 있고, 모방은 배우의 행위와 관련이 있으니까, 디오니소스가 연극과 관련을 맺게 되었다는 설이죠.

민석 디오니소스와 연극의 관련에 대해서는 이해가 되었어요.

하지만 거기서 희극이 아니라 비극이 나왔다는 점은 여전히 이해가 안 돼요.

 무하샘 인정해요. 그래서 학자들도 다른 설명을 덧붙이죠. 초기의 디오니소스 노래에 영웅설화가 결합되면서 비극적인 내용을 포함할 수 있었다고 설명해요. 비극의 주요한 모티브가 영웅들의 고난과 수난이니까요. 또 다른 가설은 디오니소스의 탄생과 관련된 것인데요. 그는 신과 인간 사이에서 태어나, 인간의 비참과 고통을 느끼는 중간자적 존재라는 거죠. 디오니소스의 아버지는 제우스지만 어머니는 테바이의 왕 카드모스의 딸 세멜레거든요. 게다가 세멜레가 제우스의 사랑을 받아 디오니소스를 임신한 것 때문에, 헤라 여신의 질투를 사 불에 타 잿더미가 되었으니, 디오니소스는 태어날 때부터 비극을 몰고 온 존재인 거죠. 이렇게 하여 그는 비극을 이해할 수 있는 신이 되었다는 설이에요. 마지막 가설은 비극이란 명칭과 관련되어 있어요. 비극은 그리스어로 '트라고이디아tragoidia'인데, 여기서 영어 트라제디tragedy란 말이 나왔어요. 그런데 이 말의 어원이 '산양(염소)'을 뜻하는 트라고스tragos와 '노래'를 뜻하는 오이데oide의 합성어라는 거예요. 그러니까 '트라고이디아'는 '산양(염소)의 노래'란 의미인 거죠.

일훈   쌤, 정말이에요? 비극의 본 뜻이 '산양(염소)의 노래'라는
      게?

무하샘 명칭이 이상하죠? 그런데 전혀 엉뚱한 의미인 '슬픈 극', 즉
      비극으로 번역되었죠. 그 까닭에 대해서도 여러 주장이 있
      어요. 우선 하나만 먼저 소개하면, 염소를 찢어 발겨 디오
      니소스에게 제물로 바칠 때 부르는 노래였기 때문에 '트라
      고이디아'라는 명칭으로 불렸다(배우가 염소 복장을 했다는 설,
      우승자에게 염소를 주었다는 설도 있다.)는 거예요. 또 다른 설은
      나중에 밝힐 게요.

조윤   '트라고이디아'란 명칭 자체엔 슬픔이라는 의미가 없다는
      거죠?

무하샘 옙! 하나만 더 말하자면 디오니소스를 '엘레우테레우스
      Eleuthereus라고도 하는데, '자유로운 자'라는 뜻이에요.
      트라고이디아와 영웅, 슬픔과 자유에 대해선 나중에 더 얘
      기할 기회가 있을 거예요. 다시 테바이 사람들의 애절한 탄
      원인 코로스들의 울부짖음으로 돌아가, 그것에 대한 오이
      디푸스왕의 반응을 살펴보도록 하죠.

2막

1장

올 것은 알아서 올 것이니

오이디푸스, 코로스

오이디푸스 그대들이 빌고 또 비니, 나의 말을 귀담아 듣고 이 역병과 싸우면 재앙에서 구원을 받고 힘을 얻을 것이오. 내 말을 들으시오. 지금 내게는 사태가 낯설고, 그 과정은 더 낯설다오. 아무 단서도 없다면 어떻게 멀리까지 나아갈 수 있겠소? 모든 일이 지나간 뒤에야, 나는 여러분의 나라 테바이의 시민이 되었소. 나는 모든 카드모스인들에게 선포하오. 당신들 중 랍다코스의 아들 라이오스가 누구에게 죽었는지 아는 자는 내게 알리시오. 명령이오. 책임이 두렵다면 자수하시오. 그러면 사나운 일은 당하지 않을 것이며, 나라에서 떠나야 할 뿐 다치지는 않을 것이오. 만약 외국인인 범인을 알고 있는 사람이 있다면, 그는 침묵하지 마시오. 나는 상을 주고, 사의도 표할 것이오.

일훈　오이디푸스, 이 사람 위엄이 넘치는데?

민석　위엄이 있을 뿐만 아니라 한 나라의 지도자에게 필요한 종합적인 사고력까지 갖춘 사람임에 틀림없어. 먼저 자기는 그 사건이 일어났을 땐 이 나라에 없었으니, 시민들의 협조가 필수적임을 알린 다음 범인에게 자수를 권했어. 자수하면 "사나운 일은 당하지 않을 것이며 나라에서 떠나야 할 뿐"이라고 꽤 괜찮은 제안을 했지.

조윤　살인범에게 그 정도로 은혜를 베풀어도 되는 걸까? 심지어 왕을 살해한 자인데!

민석　그 점 때문에 나는 오이디푸스가 왕의 자질을 갖춘 사람이라는 생각이 들어. 왕의 살해범을 잡는 것도 중요하지만, 그것과는 비교도 할 수 없이 중요한 게 있다는 걸 그는 잊지 않고 있어. 테바이 시민을 비참한 구렁텅이에서 끄집어내는 것이 얼마나 긴급하게 요청되는가는 코로스의 합창에서 충분히 알 수 있었잖아? 그것을 위해선 범인이 누구인지를 빨리 알아내, 최소한 테바이 땅에 머물지 못하게 해야 하는 거잖아. 이게 지도자의 균형감이고 정의가 아닐까?

일훈　테바이 시민을 위해 라이오스왕을 위한 정의는 조금 희생

했다는 거야?

조윤 두 정의가 충돌할 땐 그 둘을 조정해 균형을 잡는 게 필요
하고, 그게 지도자의 큰 덕목이란 거, 흔쾌하게 인정한다.

 무하샘 두 정의가 충돌하는 문제에 대해 집중적으로 다루고 있는
작품이 있어요. 우리가 지금 음미하고 있는 작품인《오이
디푸스왕》을 지은 소포클레스의 작품인데,《안티고네》와
《필록테테스》예요. 재미있으면서 생각할 게 많으니까 꼭
읽어보길 바랍니다~~

오이디푸스 하지만 그대들이 침묵한다면, 예컨대 사랑하는 이와
자신을 걱정하여 내 말을 밀쳐버린다면, 내가 어찌할지 들으시오.
그 살인자가 누구든, 내가 통치권과 권좌를 가진 이 땅에서는 그를
초대하거나 그와 대화하거나, 그와 함께 신에게 기원하거나, 같이
제사 지내거나, 그자에게 정화의식을 베풀어도 안 된다는 것을 선
포하오.

그가 우리의 오점임을 퓌토의 신탁이 내게 분명히 알려주었으
니, 그를 모든 집에서 쫓아내시오. 나는 이 나라의 수호신 그리고
망자亡者와 전우가 되었소. 범인이 한 명이든 여럿이든 그 인생이
꼴사납게 망가지라고 저주할 것이오! 그리고 내가 범인을 알고서
도 그를 내 화롯가에 앉힌다면, 내가 방금 한 저주가 나에게 내리

기를! 그대들에게 명령하오. 나와 신 그리고 신께 버려져 파괴되고 망가진 이 나라를 위해 모든 걸 하시오.

조윤　이번엔 채찍을 보여주었어. 자신의 말에 따르지 않으면 신과 함께 그를 파멸시키겠다는 무시무시한 왕따 전술을 구사한 거지.

 일훈　지도자는 양면 전략을 구사해야 하는 경우가 많으니까.

민석　오이디푸스왕 자신도 그 전술을 충실하게 수행할 것이고, 만약에 자기가 어긴다면 자기 역시 벌을 받겠다고 했으니까, 지도자로서 문제 있는 발언이라고는 생각되지 않는데?

일훈　그냥 말로만 하는 거니까 그렇지, 실제로 범인을 자기가 대접해야 하는 경우가 부득이하게 생기면 자기가 말한 대로 하겠어?

조윤　대체로는 내로남불이긴 하지. 오이디푸스도 그런가 지켜보자.

오이디푸스　신께서 이 사안을 결정하시지 않으셨더라도, 최고의 사람인 왕이 죽었으니 그대들을 불결하게 놔두는 것은 유익하지 않았을 것이오. 조사하시오. 이제 내가 그분의 지배권, 침대, 아내, 그리고 아이들도 얻었는데, 만약 운명이 그를 덮치지 않아 그의 혈족이 끊어지지 않았다면, 우리는 한 배에서 태어난 자식들을 가졌을 것이오. 이런 이유로 나는 그가 내 아버지인 것처럼 그를 위해 싸울 것이고, 살인자를 잡기 위해 모든 걸 할 것이오. 랍다코스의 아들을 위해서, 폴리도로스와, 거슬러 올라가선 카드모스, 더 위로는 아게노르에게서 태어난 이를 위해서 할 것이오. 그 사람을 위해 아무것도 하지 않는 자들에게는 신들께서 조금의 수확도 내려주지 마시고, 그 아내들에게 임신의 축복을 베풀지 마시고, 그런 운명만이 아니라 더한 불행을 겪으며 죽어가게 하시기를! 하지만 이것이 마음에 드는 다른 카드모스인들과 우리에게는, 디케와 모든 신들께서 전우로서 언제나 함께하시기를!

코로스장 왕이시여, 왕께서 저를 저주로 묶으시니, 말씀드립니다. 저는 살해하지 않았고, 범인을 보일 수도 없습니다. 하지만 수색하라 명하신 포이보스께서 누가 그랬는지 전해주실 겁니다.

 일훈 오이디푸스가 살해된 왕을 위해 "우리는 한 배에서 태어난 자식들을 가졌을 것이오. 이런 이유로 나는 그가 내 아버지인 것처럼 그를 위해 싸울 것"이라고 했는데, 말이 안 되는 것 같지 않니?

조윤 "한 배에서 태어난 자식을 가졌을 것"이라는 소리는, 살해된 왕의 부인과 오이디푸스가 부부라는 건데……

민석　살해된 왕의 부인과 부부가 되었으면서, 살해된 왕을 "내 아버지인 것처럼" 여길 것이라는 소리는 더 이상한 소리지. 나중에 이 말의 의미가 밝혀지니까 기대하시길!

 조윤　복선이라는 거구만.

오이디푸스　옳은 말이오. 그러나 신들께서 원하지 않는다면 어떤 사람도 신들을 강요할 순 없겠지요!

코로스장　그렇다면 생각하는 두 번째 바를 말하고자 합니다.

오이디푸스　있다면, 셋째도 침묵하지 말고 말하시오.

코로스장　포이보스왕에 대해선 테이레시아스왕이 가장 잘 압니다. 이에 대해 그에게 물어보면 확실히 알 수 있을 겁니다.

오이디푸스　그 시도에도 나는 게으름을 피우지 않았소. 크레온의 조언에 따라 이미 전령을 두 번이나 보냈소. 그런데 그 예언자가 오지 않으니 의아하게 생각하고 있소.

코로스장　그렇다면, 다른 얘기는 오래된 헛소문일 뿐이군요.

오이디푸스　무슨 소문 말이오? 조그만 단서라도 놓쳐서는 안 되니 말이오.

코로스장　전해지기로는, 라이오스왕께서 나그네들에게 죽었다고 합니다.

조윤　왜 코로스장은 '소문'에 대해서 말하지 않고 딴소리를 했지? 설마 "라이오스왕께서 나그네들에게 죽었다"는 걸 두고서 "오래된 헛소문"이라 했을 리는 없고.

민석　그럴 수 없지. 오이디푸스가 테이레시아스라는 예언자를 모셔오라고 전령을 보냈다는 소리를 듣고서, "그렇다면, 다른 얘기는 오래된 헛소문일 뿐이군요"라고 했으니까.

일훈　그러면 이것도 복선이니?

민석　그렇다고도 할 수 있지. 다만, '오이디푸스는 예언자인 테이레시아스를 만나려 하지 않는다'는 정도의 말이 사람들 사이에서 떠돌고 있었구나 하는 추측은 해볼 수 있지.

조윤　왜 그런지에 대해선 아직은 밝히지 않았으니, 복선인 거고!

오이디푸스　나도 들었소. 하지만 그 짓을 한 자를 보지 못했다는 게 문제요.

코로스장　그에게 두려움이 한 조각이라도 있다면 당신의 저주를 듣고서 그냥 머물러 있지는 못할 겁니다.

오이디푸스　행동을 겁내지 않는 자는 말도 겁내지 않는다오.

코로스장　하지만 그자를 밝혀낼 사람이 있습니다. 사람들이, 이제 인간 중에서 유일하게 진리를 품고 있는 신성한 예언자를 모셔왔으니 말입니다.

오이디푸스　오, 말할 수 있는 것이든 말할 수 없는 것이든, 하늘의 것이든 땅을 거니는 것이든 무엇이나 통찰하는 테이레시아스여! 그대가 비록 눈으로 보지 못하더라도 도시가 어떤 병에 괴로워하는지 그대는 알 겁니다. 우리를 구할 수 있는 왕이시여, 우리는 당신만을 유일한 구원자로 찾았소. 전령에게 듣지 못했을 수도 있지만 포이보스께서 우리의 전언에 답을 보내셨소. 우리가 라이오스의 살인자를 찾아내 죽이거나 추방하기 전에는 이 병에서 구원을 받을 수 없다고 말이오. 새들에서 나오는 소리든, 다른 방식의 전언이든 당신은 아끼지 마시오. 그리하여 당신과 이 나라를 구해주고, 나를 지켜주고, 또 피살자로 인한 오염을 막아주오. 우리의 운명은 당신에게 달려 있소. 가능한 최대로 남을 돕는 것보다 더 아름다운 수고는 없다고 믿소.

 일훈　사람들이 테이레시아스를 "인간 중에서 유일하게 진리를 품고 있는 신성한 예언자"라 일컫고 있어. 이런 분을 오이디푸스가 만나길 꺼린다는 것은 뭔가 말이 안 맞는데?

조윤　혹시 오이디푸스에게 켕기는 게 있나?

민석　그랬다면 끝까지 테이레시아스를 모셔오게 하지 않았겠지.

테이레시아스　아아, 아는 자에게 그 앎이 소용없는 것이라면 안다는 게 얼마나 괴로운 일인가! 이것을 알고 있었으면서도 잊어버리다니! 그러지 않았다면 여길 애초에 오질 않았을 텐데.

오이디푸스　무슨 말씀이시오? 어째서 이리 힘없이 오시오?

테이레시아스　나를 집으로 보내주오. 내 말을 따르시오. 당신은 당신의 것을, 나는 나의 것을 견뎌내는 게 최선이오.

오이디푸스　신탁을 알려주지 않겠다니 그것은 옳지 않소. 합당하지도 않고, 당신을 길러준 이 도시에 대해서도 애정이라곤 조금도 없는 말이오.

테이레시아스　당신의 말이 잘못되었다는 것을 내가 알기 때문이오. 마찬가지로 내 말도 잘못되지 않을까 두려워 그러는 거요.

일훈　말하는 게 포스가 느껴진다. "당신은 당신의 것을, 나는 나의 것을 견뎌내는 게 최선이오." 멋진 말이지 않니?

조윤　지금 말을 멋지게 하는 게 필요한 자리가 아니잖아. 여기저기서 사람들이 쓰러져 죽는 재앙을 끝낼 길을 찾아내야 하는데, '인간 중에서 유일하게 진리를 품고 있는 신성한 예언자'가 말을 빙빙 돌리고 있는 건 심각한 문제야.

민석　걱정하지 마. 그는 지금 뜸들이기를 하고 있을 뿐이야. 당신이 진실을 말할 수밖에 없는 상황을 조성하고 있다고 보이거든. 노련한 사냥꾼처럼!

일훈   뭐, 노련한 사냥꾼? 누구를 사냥하는데?

오이디푸스 신께 맹세코, 안 됩니다! 당신께 지혜가 있다면 돌아가지 마십시오! 우리 모두가 당신 앞에 무릎 꿇고 애원합니다.

테이레시아스 당신들 모두 어리석기 때문이오. 나는 내 해악을 드러내지 않을 작정이오. 당신의 해악이라 부르고 싶지 않아 이리 말해두는 것이오.

오이디푸스 무슨 말이오? 알면서도 말하지 않겠다는 것이오? 우리를 배신하고 도시를 파멸시키려는 셈이오?

테이레시아스 이 고통을 당신이나 내게 씌우고 싶지 않소. 공연히 힘을 허비하지 마시오. 나는 어떤 말도 하지 않을 것이오.

오이디푸스 악당 중의 악당이네! 돌이라도 도발할 사람이구나. 무자비하고 냉혹하게 서 있지 말고 말하시오!

일훈   반듯하던 오이디푸스가 화를 뿜어내고 있어.

조윤   화내는 게 당연하지. 한 나라의 시민들이 죽어 자빠지고 있는데도 '신성한 예언자'라는 자가, 빙빙 겉도는 소리만 지껄이고 있잖아?

민석   테이레시아스의 전술이라니까 그러네.

일훈   그런 전술이 왜 필요한데?

민석 　두 가지 이유가 있어. 당시 연극을 보고 있던 사람들을 조 바심으로 안달이 나게 하려는 게 하나야. 조윤이가 지금 안 달이 난 것처럼! 다른 이유는 곧 알게 돼.

테이레시아스　당신은 나의 성정을 꾸짖고 있소만, 함께 살고 있는 당신의 것은 보지 못한 채 나를 비난하는구려!

오이디푸스　그대가 이 도시를 이렇게도 능욕하는데 화내지 않을 사람이 있을 성 싶소?

테이레시아스　내가 침묵한 채 나간다 하더라도, 올 것은 알아서 올 것이니 염려 마시오.

오이디푸스　올 것이라면 말해주어야 하지 않겠소? 내게 말하시오.

테이레시아스　더 이상 말을 하지 않겠소. 원한다면 얼마든지 화를 내시오. 사납게 날뛰어도 좋소.

오이디푸스　암! 화를 내고말고. 그러니 내 생각을 하나도 빠뜨리지 않고 말하겠소. 알아두시오. 당신이 직접 죽이지 않았을 뿐, 그 일을 함께 모의하고 실행까지 한 것으로 보인다는 사실을! 당신이 봉사가 아니었더라면 당신 혼자서 죽였다고 말했을 거요.

테이레시아스　진심이오? 그렇다면 당신은 당신이 선언한 바에 따라 오늘부터 이 사람들 누구에게도, 또 내게도 말을 걸지 마시오. 당신이 이 나라를 오염시킨 사람이니까!

조윤 　테이레시아스가 해야 할 말이 이거였던 거야? 그래서 그가 뜸들이고 변죽만 울렸구나. 그런데 밑도 끝도 없는 이 말을 믿어야 해?

일훈 　'인간 중에서 유일하게 진리를 품고 있는 신성한 예언자'가 한 말이니까 믿어야지.

조윤 　오이디푸스도 그에 못지않은 '앎'을 과시했던 사람이야. 테바이 시민들도 "세상의 여러 일들에서나 신적인 일을 다루는 데 있어서 당신이 인간들 중 으뜸"이라고 했잖아?

민석 　그렇긴 하지만, 잘 들여다보면 두 사람 사이엔 건널 수 없는 강이 놓여 있어. 한 사람은 신의 사자이고, 다른 사람은 인간 중 으뜸일 뿐이야.

일훈 　신과 인간의 대립이란 거지?

조윤 　흥미진진하군! 아무튼 오이디푸스가 이 전에 사제들을 만났을 때 보인 침착하고 격조가 있던 태도와는 달리 지나치게 흥분하긴 했어.

일훈 　오이디푸스가 테이레시아스에게 "당신이 직접 죽이지 않았을 뿐, 그 일을 함께 모의하고 실행까지 한 것으로 보인다"고 한 건, 이성적인 사람이 내뱉을 소리는 아니지.

민석 　그 결과, 오이디푸스 자신이 범인이라는 소리를 듣게 되었고.

오이디푸스 파렴치하게 그런 말을 꺼내다니! 그러고도 벌을 면할 수 있다고 생각하진 않겠지?

테이레시아스 나는 이미 면했소. 진실의 힘이 내 안에 있으니 말이오.

오이디푸스 그런 말재간은 누구에게 배웠소? 당신 재주를 벗어난 말이지 않소?

테이레시아스 당신에게서 배웠소. 싫다는데도 말하도록 강요했으니 말이오.

오이디푸스 무슨 말을? 내가 잘 알아듣게 다시 말해보시오.

테이레시아스 이미 알아듣지 않았단 말이오? 아니면 뭔가 더 끌어내려고 나를 부추기는 것이오?

오이디푸스 이미 알고 있는 건 없소. 다시 말하시오.

테이레시아스 당신이 찾는 그 살인자는, 말하건대, 당신이오.

오이디푸스 재미로 두 번씩이나 나를 모욕하다니. 당신은 후회할 것이오.

테이레시아스 화가 더 나도록 다른 말도 해볼까요?

오이디푸스 실컷 하시오. 말해봐야 허튼 소리겠지만!

테이레시아스 내 선언하는 바이오. 당신은 아주 가까운 사람과 가장 수치스럽게 동거하면서도, 그 사실에 어두워 자신이 어떤 불행에 처했는지 모르고 있소.

일훈 테이레시아스가 지금 무슨 소리를 한 거지?

민석 오이디푸스가 어머니와 함께 잠자리를 하고 있다는 말이야.

조윤 살해된 왕의 아내였던 사람이 오이디푸스의 어머니란 말이니?

 일훈 아니, 어떻게 그런 일이! 도대체 어떻게 된 거야?

조윤 오이디푸스가 아버지를 살해하고 어머니와 부부가 되었다는 건데! 테이레시아스는 도대체 어떤 사람이기에 이런 말을 아무런 '합리적인 근거'도 없이 막 뱉을 수 있지?

민석 예언자는 본래 '합리적인 근거'를 바탕으로 말하는 게 아니잖아? 그냥 '신의 말'을 전할 뿐이지.

오이디푸스 이렇게 말하고도 계속 탈이 없으리라 믿나?

테이레시아스 진리에 힘이 있다면!

오이디푸스 물론 진리에는 힘이 있지. 하지만 당신에게는 아니야. 당신은 귀도, 정신도, 눈도 다 어두우니까.

테이레시아스 불행하구나, 욕하는 자여. 모두가 곧 그대를 그렇게 욕할 테니.

오이디푸스 그대는 영원한 밤을 살고 있구만! 그러니 나든, 다른 누구든 빛을 보는 사람을 절대로 해코지할 수 없는 노릇이지.

조윤　오이디푸스가 왜 테이레시아스에게 "당신은 귀도, 정신도, 눈도 다 어둡다"고 했지?

일훈　오이디푸스에게 너무도 어처구니없는 소리를 했으니까 충분히 그렇게 말할 수 있지.

민석　틀린 소리는 아니지만, 오이디푸스가 그렇게 말한 데는 다른 이유가 있어. 전에 '스핑크스가 낸 수수께끼'를 테이레시아스가 풀지 못했으니 그의 정신이 어둡다는 의미야.

조윤　그럼 귀와 눈이 어둡다고 한 건?

일훈　신의 소리를 듣고 전하는 자가 엉뚱한 소리나 해대니까 귀머거리란 소릴 들어도 싸지.

민석　오이디푸스로선 그렇게 생각할 수 있지. 그런데 눈이 어둡다는 소리는 물리적인 사실을 얘기한 거야. 테이레시아스가 실명한 상태였거든. 그가 실명을 하게 된 까닭을 얘기해 줄까? 아주 재미있는데.

조윤　너 혼자만 재미있는 얘기를 알고 있으면 안 되지.

민석　오비디우스의 《변신 이야기》에 나오는 이야기야. 제우스와 헤라가 엉뚱한 문제로 입씨름을 했어. 성교를 할 때 여자와 남자 중에서 누가 더 많은 쾌락을 느끼는가를 두고, 헤라는 남자라고 하고 제우스는 여자라고 했지. 입씨름이 말다툼으로까지 번지고 합의에 이를 가망이 없자 헤라와 제우

스는 테이레시아스에게 물어보기로 했어. 테이레시아스는
여자로도 살아보고 남자로도 살아봤거든.

조윤　　그때는 성전환 수술도 없었을 텐데, 어떻게?

 일훈　　성전환 수술은 없었어도, 그때는 신들이 신출귀몰하던 때
　　　　잖니?

민석　　맞아. 헤라가 테이레시아스에게 그런 벌을 주었어. 테이레
　　　　시아스는 킬레네(혹은 키타이론)산에서 교미하는 한 쌍의 뱀
　　　　을 보았어. 왜 그랬는지는 알려져 있지 않지만, 테이레시아
　　　　스는 지팡이를 내리쳐 암컷 뱀을 죽여버렸어. 이것을 헤라
　　　　여신이 보았지. 화가 치민 헤라가 그에게 벌을 내려 그를
　　　　여자로 변신시켜버렸어.

일훈　　아니, 헤라가 왜?

조윤　　헤라가 누구니? 가정의 신이잖아. 뱀이 교미한다고 죽인
　　　　것은 뱀들의 가정을 망가뜨리는 셈이니까! 여자로 변신시
　　　　킨 게 형벌인지는 모르겠지만.

민석　　여자로 산 지 7년이 지난 어느 날, 테이레시아스는 공교롭
　　　　게도 교미하는 뱀들과 또다시 마주쳤어. 이번에도 테이레
　　　　시아스는 그 중 한 마리를 죽였는데, 수컷이었지. 그 벌로
　　　　테이레시아스는 남자로 바뀌어버렸어. 그 뒤론 쭉 남자로
　　　　살았대.

조윤   테이레시아스에게 그런 비밀이 있었다니. 그런데 남자가 여자로 되어 살고, 여자가 남자로 되어 사는 게 벌인가?

일훈   생각해볼 만한 내용이기는 하네. 그런데 말야, 테이레시아스가 제우스와 헤라 중에서 누구의 손을 들어주었어?

민석   제우스의 손을 들어주었어. 그는 이렇게 말했다고 해. "남녀의 쾌감을 합한 것이 10이라면 남자가 느끼는 것은 그 중 1에 불과합니다." 이 소리를 들은 헤라는 화딱지가 나, 그 자리에서 테이레시아스의 눈을 멀게 해버렸지.

조윤   그래서 테이레시아스가 눈을 못 보게 되었구나!

 일훈   신들의 다툼에 괜히 테이레시아스만 눈을 잃게 되었구만. 나 원 참!

민석   제우스는 자기를 지지해줬다가 그렇게 된 테이레시아스가 불쌍했지만, 신이 한 일을 되돌릴 수는 없는지라 난감했지. 그래서 그에게 '다른' 눈을 주었어. 바로 예언의 눈이야.* 그리고 수명도 보통 인간의 7배로 늘려주었다고 해.

조윤   테이레시아스가 7년 동안 여성으로 살았다고는 하지만, 성

---

*   테이레시아스가 목욕하는 아테나의 나체를 보았기 때문에 아테나에 의해 눈이 멀었다는 이야기도 있다. 테이레시아스의 어머니는 아테나를 모시는 님프였는데, 아테나에게 저주를 거두어 달라고 빌었다. 하지만 한 번 내린 결정은 번복할 수 없는 게 신들인지라, 아테나도 별 수가 없었다. 그래서 아테나는 테이레시아스에게 새들의 소리를 알아들을 수 있는 귀를 터주어, 예언을 할 수 있게 되었다고 한다.

관계를 해본 적이 없으면 제우스와 헤라의 말씨름을 판결할 수 없는 거잖아?

민석 여자가 된 테이레시아스는 여신관이 되어 결혼하고 아이까지 낳았다고 해. 만토라는 자식은 어머니 테이레시아스와 마찬가지로 예언력을 지니고 있었고.

일훈 이렇게 해서 특별한 눈을 갖게 된 테이레시아스가 인간 중 가장 지혜롭다는 오이디푸스와 한판 벌이는 장면으로 다시 돌아가자.

테이레시아스 당신은 나에게 무너질 운명은 아니니 그럴 테지요. 하지만 아폴론께선 이 일을 확실히 마무리지을 것이오.

오이디푸스 그건 크레온의 생각에서 나온 말이요, 그대 자신이 하는 말이오?

테이레시아스 크레온은 당신에게 해가 되지 않소. 당신 스스로 해가 되는 거지.

오이디푸스 오, 부유함이여, 왕권이여, 치열한 삶에서 최고인 지혜의 재주여! 너희를 감시하는 질투는 얼마나 큰가! 요구하지 않았는데도 도시가 내게 맡긴 이 권력 때문에, 충직하고 늘 사랑스러웠던 크레온이 기만적이고 천박한 이익을 좇아 나를 내쫓으려 하다니! 재주에는 눈이 멀었으되, 교활한 마법사를 부추겨 나를 모함하다니!

조윤　오이디푸스가 왜 이렇게 크레온을 의심하지?

일훈　적은 늘 가까이에 있다고 하잖아? 처남이니까 권력에 위협을 느꼈겠지.

민석　살해된 라이오스왕의 처남이기도 하지.

일훈　그렇네! 만약 라이오스에게 자식이 없었다면, 크레온이 테바이의 왕이 될 가능성이 무척 높았다는 소리잖아? 크레온이 오이디푸스를 몰아낼 음모를 꾸몄다고 의심할 수도 있겠네.

오이디푸스　자, 말해보시오. 언제 당신이 예언자로서 지혜로움을 보여주었는지를. 그 어두운 여가수(스핑크스를 가리킨다.)가 이 나라를 유린할 때, 그대는 시민들에게 해방을 안겨주었소? 그 수수께끼는 누구나 풀 수 있는 것이 아니었고 예언술을 필요로 했는데도, 그대는 새들이나 다른 방식의 예언술도, 신들의 어떤 말씀도 알지 못했소. 그러나 내가, 무식한 이 오이디푸스가 이곳에 이르자 그녀는 침묵했소. 새들에게 배우지 않고, 오직 내 지성으로 수수께끼를 풀었소. 그런 나를, 당신은 크레온의 왕좌에 가까이 가려는 생각으로 나를 내쫓으려 하고 있소. 그대는 공범과 함께 눈물을 흘리며 후회할 것이오. 그대가 노인만 아니었다면, 그 계획 때문에 고통을 겪었을 것이오.

코로스장 우리에겐 그분의 말씀이나, 오이디푸스 님의 말씀이나 다 분노에서 나온 것으로 여겨집니다. 왕이시여. 그런 분노는 필요치 않고, 신의 말씀을 잘 이행할 수 있는 최선의 방법을 숙고해 찾아내는 것이 필요할 따름입니다.

테이레시아스 당신이 왕이지만, 내게도 말할 권리가 똑같이 있소. 난 당신의 종이 아닌 록시아스(아폴론)의 종이니, 이 점에선 나도 그럴 권리가 있소. 그러니 크레온을 후견인으로 삼아 그 사람 아래에 내 이름을 써넣진 않을 것이오. 당신이 날 맹인盲人이라 욕하니 말해두겠소. 당신은 보면서도, 당신이 어떤 해악에 있는지, 어디에서 사는지, 누구와 잠자리를 하는지 도무지 보지 못하고 있소. 당신이 누구의 자식인지나 아시오? 당신은 땅속에 있는 사람들이든, 땅 위에 있는 사람들이든 간에 당신 친척들의 적이라는 것도 모르고 있소. 아버지와 어머니로부터 내리치는 치명적인 이중의 채찍이 당신을 이 땅에서 쫓아내고, 지금은 똑바로 보는 당신의 눈에는 어둠만이 내릴 것이오. 당신이 좋은 항해 후 도달한, 이 집의 항구 아닌 항구로 당신을 이끈 축혼가의 비밀에 대해 당신이 알게 되면, 당신의 비명 소리가 모든 항구를 채우고 키타이론산 구석구석에 메아리쳐 울려 퍼질 것이오. 당신은, 당신과 당신 아이들에 떨어지는 다른 여러 해악도 전혀 보지 못하고 있소. 그러니 크레온과 내 말을 실컷 조롱하시오. 필멸하는 인간들 중 당신보다 더 심하게 망가질 사람은 앞으로도 없을 것이니 말이오.

조윤   둘이 막상막하다.

민석   용호상박이지.

 일훈   테이레시아스가 오이디푸스에게 한 말, "아버지와 어머니
로부터 내리치는 치명적인 이중의 채찍이 당신을 이 땅에
서 쫓아낸다"는 게 뭔 소리야? 라이오스왕을 죽인 범인이
오이디푸스라고 테이레시아스가 했던 건 기억나지만, 다
른 소리는 없었잖아?

조윤   '아주 가까운 사람과 가장 수치스럽게 동거하고 있다'고는
했는데, 곧 그 까닭을 밝히겠지.

오이디푸스 이런 말을 듣고도 참을 수 있단 말인가? 어서 파멸의
땅속으로 꺼지지 못할까! 어서 빨리 이 집에서 떠나지 못할까!

테이레시아스 당신이 부르지 않았다면 나는 오지 않았을 거요.

오이디푸스 당신이 그런 미친 소리를 할 바보라고 어떻게 생각할
수 있었겠나? 그럴 줄 알았다면, 당신을 이 집으로 데려오지 않았
겠지!

테이레시아스 당신에겐 내가 바보로 보이겠지만, 당신을 낳아준 당
신 부모에겐 내가 지혜로워 보였다오.

오이디푸스 누구? 멈추시오! 인간 중 대체 누가 날 낳았다는 말이오?

테이레시아스 오늘이 당신을 낳고, 또 당신을 파멸시킬 것이오.

오이디푸스 모든 걸 수수께끼처럼 어둡고 모호하게 말하는구나!

테이레시아스 당신이 모호한 수수께끼를 푸는 데 최고지 않소?

오이디푸스 날 위대하게 여길 일을 가지고 나를 조롱하다니!

테이레시아스 분명 그 재주가 당신을 파멸시켰소.

오이디푸스 도시를 구했으니 상관없소.

테이레시아스 이제 나는 가겠소. (소년에게) 얘야, 나를 인도해다오.

오이디푸스 데려가도록 하라. 당신이 여기 있으면 걸림돌이고 성가실 테니까. 이제 가면 다시는 괴롭히지 않겠지.

테이레시아스 내가 온 이유를 분명히 말하고 가겠소. 당신의 얼굴은 두렵지 않소. 당신이 나를 파멸시킬 방법은 없으니까. 당신에게 말하오. 당신이 라이오스왕의 살인범이라고 위협하며 찾아다닌 그 남자가, 바로 이곳에 이방인으로 서 있소. 그는 시민들에게 이방인으로 알려져 있지만, 테바이에서 태어난 게 곧 밝혀질 것이오. 하지만 그는 그 행운을 기뻐하지 않을 것이오. 보이던 눈이 멀게 되고, 부유함 대신 가난하게 되어, 지팡이로 앞을 가리키며 낯선 땅을 떠돌아다닐 것이오. 그는 자식들의 형제이자 아버지로, 그를 낳은 여자의 아들이자 남편으로, 그가 살해한 아버지의 침대에

서 씨를 뿌린 것으로 밝혀질 것이오. 안으로 들어가 생각해보시오! 내가 거짓말쟁이임을 밝혀낸다면, 내가 예언술을 생각 없이 해댄다고 말해도 좋소.

(테이레시아스는 소년에 인도되어 퇴장하고, 오이디푸스는 궁전으로 퇴장한다.)

일훈 "그는 자식들의 형제이자 아버지로, 그를 낳은 여자의 아들이자 남편으로 밝혀질 것"이라는 소리가 뭔 말이야?

조윤 어머니와 부부로 살면서, 둘 사이에 자식까지 낳은 자라는 소리지.

민석 그가 바로 라이오스 살해범이라고 했으니, 오이디푸스가 아버지를 죽이고 어머니와 함께 살고 있다는 거잖아?

 일훈 말도 안 돼! 근거가 있기는 한 거야?

코로스(좌1) 누구인가? 예언하는 델포이가 지목한 그 자는? 피 묻은 손으로, 차마 말할 수 없는 끔찍한 짓을 저질렀다고 지목된 그는 누구인가? 이젠 그가 태풍처럼 달리는 말보다도 힘차게 도망치며 발을 움직여야 할 때로다. 제우스의 아드님(아폴론)께서 불과 번개로 무장하고 그를 덮치며, 동시에 강력하고 무자비한 케레스(복수의 여신들) 여신들이 뒤쫓고 있으니까.

코로스(우1) 방금, 눈 덮인 파르나소스산으로부터 신탁이 내려왔네.

숨은 그자를 어떻게든 찾아내라 목소리 번쩍이며 말씀하셨기 때문이네. 그자는 야생의 숲으로 숨고 동굴과 절벽에서 황소처럼 쓸쓸히 배회하네. 불행한 자의 불행한 발자취는 달아나지만, 대지의 배꼽(델포이)에서 태어난 예언은 언제나 살아서 그의 머리 위를 떠도네.

 조윤 이 말을 들은 사람들 되게 헷갈렸겠다. 증거도 없이 믿을 수도 없고, 그렇다고 안 믿을 수도 없었을 테니까. 그 말을 한 사람이 아폴론의 사제인 테이레시아스이니까.

 민석 오이디푸스는 인간 중 최고의 지혜를 가진 자라는 걸 이미 증명했고.

일훈 신과 인간의 대결이 된 셈이네. 테이레시아스는 아폴론신을 대리하는 자잖아.

조윤 1차 대결에선 오이디푸스가 이겼다고 할 수 있어. '스핑크스의 수수께끼'로 테바이 사람들이 고통을 겪을 때, 테이레시아스는 아무런 도움도 되지 못했으니까.

일훈 신이 졌다고? 아폴론신이?

민석 애초에 둘의 대결은 없었다는 게 더 맞는 소리가 아닐까? 아폴론이 그 일 자체에 아무 관심도 안 가졌다면, 대결이 이루어지지 않은 거지.

조윤　아폴론이야 그렇게 말할 수 있겠지만, 테바이 백성들의 입장에선 다르지. 아폴론의 사제인 테이레시아스가 수수께끼를 풀어 자신들을 구제하지 않은 건 무능한 거라고 여기겠지. 풀 수 있으면서도 안 풀었다면 무자비한 거고. 이에 반해 오이디푸스에겐 능력과 자비심이 다 있었고.

민석　신에게 강요할 순 없잖아?

무하샘　과연 그럴까요. 관련해서 《맹자》에 생각해볼 게 있어요. "희생제물을 갖추고, 제사상에 올린 곡물이 청결하고, 때를 지켜 제사를 지냈는데도 가뭄이 들고 물난리가 나면, 제사상을 올린 신, 즉 사직社稷의 신을 바꿔치운다.(犧牲旣成, 粢盛旣潔, 祭祀以時, 然而旱乾水溢, 則變置社稷. 진심하, 4장)"

민석　맹자가 정말 신을 바꿔버리라고 했단 말이에요?

조윤　제사상을 받았으면 밥값을 해야지.

무하샘　맹자는 이런 말도 했어요. "백성이 제일 귀하고, 국가를 지키는 사직신은 그 다음이고, 임금은 그에 비하면 하찮은 것이다.(孟子曰 民爲貴 社稷次之 君爲輕. 진심하, 1장)"

일훈　와, 맹자 엄청나구나!

코로스(좌2)　지혜로운 예언자는 무섭고도 무섭게 나를 동요시키네. 맞다고도 틀리다고도 할 수 없는 것에 대해 뭐라 말해야 할지 모르겠구나. 불길한 예감에 흔들리건만, 현재도 모르겠고 미래도 모르겠구나. 랍다코스의 아들(라이오스)과 폴리보스(코린토스의 왕)의 아들(오이디푸스) 사이에 어떤 다툼이 있었는지 들은 적 없으니, 랍다코스의 숨겨진 죽음(라이오스의 죽음)을 보복할 증거를 내세울 수 없네. 널리 퍼진 오이디푸스의 명성을 공격할 증거가 없네.

 민석　쌤! 역사상 테바이와 코린토스는 사이가 안 좋았나요?

무하샘　《오이디푸스왕》 연극은 기원전 436~433년 사이에 창작되었을 것으로 추정(최혜영 교수는 기원전 430~428년 사이에 창작되었다고 봄.)되는데, 이때 테바이와 코린토스 두 나라는 동맹국이었어요. 아테네는 이 두 나라에겐 적대국이었고요. 《오이디푸스왕》이 창작되고 공연된 아테네 말이에요. 고대 그리스 세계를 몰락시킨 게 2차 펠로폰네소스 전쟁인데, 이 작품이 창작된 지 불과 몇 년 뒤인 기원전 431년에 터졌어요. 그때 스파르타로 하여금 아테네 침략을 부추긴 나라가 다름 아닌 테바이와 코린토스였을 정도로 아테네와는 사이가 안 좋았어요.

 조윤　테바이와 코린토스 두 나라 사이가 좋은 것에 대한 아테네의 적대감과 질투심이 《오이디푸스왕》 작품을 짓게 한 건가? 두 나라를 이상하게 엮이게 만들어놨잖아? 오이디푸스를 천륜을 저버린 망나니 같은 왕으로 형상화한 것은 도가 지나치다고 생각하지 않니?

무하샘 그 측면에서도 살피는 게 필요해요. 최혜영 교수님이 쓴 《그리스 비극 깊이 읽기》가 그런 면에 눈길을 두고 살핀 저술이에요. 뛰어난 저술이어서 읽을 만한 게 많아요. 다만 알아둘 것은 오이디푸스왕에 관한 이야기는 아주 오래전부터 내려왔다는 거예요. 그리스 최초의 책이라 해도 지나치지 않을 《일리아스》에 이미 나오고 있으니까요.

일훈 《일리아스》에 나온 오이디푸스 이야기와 《오이디푸스왕》의 오이디푸스 이야기는 많이 다른가요?

무하샘 아버지를 죽이고 어머니와 잠자리를 한 것 등, 큰 얼개는 다르지 않지만 구체적인 행동에서는 차이가 있어요. 그 차이를 알았을 때 비로소 소포클레스의 《오이디푸스왕》에 대해 안다고 할 수 있을 거예요. 그 점에 대해선 나중에 얘기할 기회가 있을 테니까, 그때 살피도록 하죠.

코로스(우2) 진정 제우스와 아폴론께선 지혜로우시어 인간사를 두루 아시네. 하지만 인간일 뿐인 예언자가 나보다 옳다는 건 올바른 판단이 아니네. 누가 누구를 지혜로 뛰어넘을 순 있어도, 그 말이 분명히 증명되기 전에는, 왕에게서 잘못을 찾는 자들에게는 동조

하지 않으리. 날개 달린 처녀(스핑크스)가 그와 마주쳤을 때, 우리 모두 그의 지혜로움을 보았으며, 그 시험으로 그가 이 도시에 우호적인 현자임이 드러났네. 그러니 그는 내 마음으로부터 결코 유죄 판정을 받지 않을 것이네.

3막

1장

죄를 씌운다는 말을 들었소

크레온, 코로스

크레온 사람들이여! 시민들이여! 오이디푸스왕께서 내게 죄를 씌우운다는 고통스러운 말을 듣고, 화가 나서 여기에 왔소. 그분이 최근의 해악 속에서 내 말이나 내 행동으로 해를 입었다고 생각한다면, 나는 그런 모욕을 참으며 남은 생을 즐기며 보내고 싶지는 않소. 그런 생각은 내게 이중으로 치명적인 상처를 입히오. 나는 도시의 반역자라 불리고, 당신들과 친구들에게 반역자라 불릴 테니까 말이오.

코로스장 그러나 그 비방은 이성의 조언이 아니라, 분노에 의해 강요되었을 겁니다.

크레온 하여튼 내 조언에 따라 그 예언자가 거짓말을 했다고 그분이 말한 것은 사실이오?

코로스장 그렇다고 하시긴 하셨습니다만, 어떤 생각에서 그런 말씀을 하셨는지는 모르겠습니다.

크레온 눈을 똑바로 뜨고, 올바른 정신 상태에서 나에 대한 고발을 알리셨소?

코로스장 전 모릅니다. 높은 분들께서 하는 걸 제가 어찌 알겠습니까? 마침 그분께서 집에서 나오시네요.

2장

추방이 아니라 죽이겠네

오이디푸스, 크레온, 코로스

오이디푸스 당신! 여기, 여길 어떻게 왔나? 파렴치한 얼굴로 내 집에 오다니! 분명히 고인을 살해하고, 명백히 내 통치권을 도적질하려 했으면서. 신들께 맹세코 말해보게. 내게서 어떤 비겁함이나 멍청함을 보고서 이런 짓을 생각해냈는가? 당신의 음모가 몰래 기어들어오는 것을 내가 알아채지 못하거나, 알아채더라도 막지 못하리라고 여겼는가? 왕관은 백성과 돈으로 획득하는 것이거늘, 백성도 친구도 없이 왕권을 가지려 하다니 당신의 시도는 멍청하지 않은가?

크레온 먼저 제대로 아십시오. 당신의 말과 대등한 위치에 있는 제 대답을 들으시지요. 그런 다음 판단하시기 바랍니다.

조윤   크레온은 어떤 사람인 것 같니?

 민석   이제 막 등장한 인물이라 판단을 내리긴 이르지만, 반듯하
고 합리적이라는 생각이 든다. 모함을 받는다고 하면서도
절도를 잃지 않고 있잖아?

일훈   그럼 왕에게 눈을 부라리며 말할까? 왕 앞이니 조신해야지.

 조윤   눈을 부라리며 말하지도 않았지만, 조신한 태도로 말한 것
도 아니라고 생각해. "당신의 말과 대등한 위치에 있는 제
대답을 들으시지요."라는 말을 보면 정말 당당하잖아?

오이디푸스 그대는 말을 그럴듯하게 했지만, 나는 알아듣지 못하
겠네. 그대가 위험하고 적대적임을 알아냈으니 말일세.

크레온 제 말을 먼저 들어주세요.

오이디푸스 그대가 악당이 아니라고 말하진 말게.

크레온 당신께서 이성 없는 고집이 좋다고 생각하신다면, 그건 제
대로 된 생각이 아닙니다.

오이디푸스 친척들을 학대하고서도 처벌을 받지 않을 수 있다고 생
각한다면, 그대는 제대로 생각지 못하는 거네.

크레온 그 말이 옳다는 것에 동감합니다. 하지만 당신이 나에게 당
했다고 여기는 그 고통에 대해 말씀해주시지요.

오이디푸스 신성한 예언자에게 사람을 보내는 것이 긴급하다고 당

신이 조언했나, 하지 않았나?

크레온 지금도 같은 생각입니다.

오이디푸스 그러면, 얼마나 오래 되었지, 라이오스가…….

크레온 라이오스께서요? 무슨 말씀이신지요.

오이디푸스 치명적인 폭력으로 사람들 시야에서 사라진지 얼마나 되었나?

크레온 시간이 아주 많이 됐습니다.

오이디푸스 그러면, 그때도 그 예언자가 예언술에 종사하고 있었나?

크레온 지금과 똑같이 지혜로웠고 합당하게 존경받았습니다.

오이디푸스 그러면, 그때도 그가 나에 대해 뭔가를 언급한 적이 있는가?

크레온 아니요. 제가 옆에 있을 때는요.

오이디푸스 그런데, 당신들은 망자에 대해 조사하지 않았고?

크레온 했습니다. 어찌 조사하지 않았겠습니까? 그러나 아무것도 듣지 못했습니다.

오이디푸스 그러면, 그 현자가 그때는 왜 지금과 같은 말을 하지 않았지?

크레온 모르겠습니다. 제가 이해하지 못한 것에 대해서는 침묵하겠습니다.

오이디푸스 그러나 그대는 이것은 알고 있을 걸세. 정직하게 말하게.

크레온 무엇을 말입니까? 제가 아는 일이라면 안다고 하겠습니다.

오이디푸스 그가 그대와 공모하지 않았다면, 내가 라이오스의 살
인자라고 진술하지는 않았으리라는 것을 인정하게.

민석   오이디푸스왕이 크레온에게 질문하는 게 정제되어 있고,
        매섭다고 생각하지 않니?

일훈   맞아. 군더더기 하나 없는 물음이라는 생각이 든다.

조윤   간결하게 몰아서 한 방에 내려치는 폼이, 마치 노련한 사냥
        꾼 같아. 그러면…… 그러면…… 하다가, "그러면, 그 현자
        가 그때는 왜 지금과 같은 말을 하지 않았지?"라고 묻는 걸
        봐! 영락없는 사냥꾼이지.

일훈   마지막 한 방을 먹여 숨통을 완전히 조이는 폼도 그래. "그
        가 그대와 공모하지 않았다면, 내가 라이오스의 살인자라
        고 진술하지는 않았으리라는 것을 인정하게."

민석   글쎄, 막다른 길로 몰리기는 했지만, 크레온이 그 정도에
        나가떨어질까?

크레온 그가 그런 진술을 했는지는 당신이 아시겠지요. 하지만 당
신이 저에게 한 것과 똑같은 물음을, 동등한 위치에서 제가 당신에
게 묻는 것도 마땅하다고 생각합니다.

오이디푸스 묻게나. 나는 결코 살인자로 낙점되지는 않을 것이네.

크레온 그래요. 당신은 제 누이와 결혼하셨지요?

오이디푸스 부인할 수 없는 말이지.

크레온 당신은 그분과 동등한 자격으로 이 나라를 통치하시지요?

오이디푸스 그녀가 원하는 것이라면, 내가 모두 마련해주지.

크레온 저는 당신들 두 분과 동등하면서 세 번째 자리에 있는 사람이 맞지요?

오이디푸스 바로 그 지점에서 그대는 사악한 친구로 드러나네.

조윤 크레온이 길을 잘못 잡은 듯하지 않니? "저는 당신들 두 분과 동등하면서 세 번째 자리에 있는 사람이 맞지요?"란 물음은, 크레온이 정확히 왕의 자리를 탐낼 위치에 있다는 걸 밝힌 셈이니까.

일훈 맞아. 오히려 자기가 되치기 당하는 물음이 되어 버렸어.

민석 나는 약간 다른 쪽에서 크레온의 말을 듣고 싶어. 그 말을 크레온이 발설하건 안 하건, 그것은 오이디푸스의 가슴을 점령하고 있는 말이야. 그 부분이 풀리지 않으면, 거기서 오는 의심도 사라질 수 없어. 그러니 크레온 자신이 미리 그 말을 끄집어내어 그 부분을 해소하는 게 그래도 나은 방법이라고 생각해.

조윤   인간의 권력욕은 꼭대기에 이르지 않고는 멈출 줄 모른다
       는 게 역사적이고 일반적인 사실인데, 그 점을 크레온은 어
       떻게 해소할까?

크레온 아닙니다. 제가 비추는 것을 당신이 보신다면, 그렇게 생각
하지 않을 것입니다. 똑같은 권력을 가질 수 있다면, [왕의 위치에
있지 않아] 맘 편하게 잠을 잘 수 있는 쪽을 선택하는 게 낫겠습니
까? [왕의 자리를 유지하느라] 두려움 속에서 통치권을 행사하는
쪽을 선택하는 게 더 낫다고 생각하십니까? 저는 적어도 통치자의
권력만을 가질 수 있으면 되었지, 실제로 통치자가 되는 걸 원하도
록 태어나진 않았습니다. 이성적인 자제력을 가진 사람이라면 누
구나 그럴 겁니다. 지금 저는 두려움 없이 모든 걸 당신으로부터
얻고 있습니다. 제가 직접 통치한다면 하기 싫은 일도 마지못해 해
야 할 게 많겠지요. 그러니 어떻게 걱정 없는 명예와 권력을 갖는
것보다 왕권을 갖는 것이 저에게 더 유쾌하겠습니까? 저는 명예로
운 이익 이외의 것을 요구할 만큼 어리석지 않습니다. 지금 제겐
모든 게 즐겁고, 사람들도 모두 제게 인사하며 저를 부릅니다. 당
신을 필요로 하는 자들의 성공이 제게 달려 있기 때문이지요. 제가
어찌 이 좋은 것을 놓고 다른 것을 쥐겠습니까? 이렇듯이 이성적
으로 생각하면 마음이 사악해질 수 없습니다. 저는 배신할 성격이

아니고, 누군가가 그러더라도 결코 함께 하지 않을 것입니다. 증거를 바라신다면, 당신의 비난을 가지고 퓌토로 가서 신탁에 대해 직접 알아보십시오. 제가 당신에게 신탁을 정확히 전했는지 물어보십시오. 또한 제가 예언자와 공모했다는 사실을 당신이 알아낸다면, 당신 한 사람의 말이 아니라 당신과 저 두 사람의 말로 저주하고, 저를 죽이십시오. 증거도 없이 어두침침한 생각만으로 저를 범죄자로 몰지 마십시오! 악인을 지혜롭고 탁월하다고 여기는 것도, 현자를 악인으로 여기는 것도 모두 옳지 않습니다. 고귀한 친구를 버리는 것은 자기 목숨을 버리는 것과 마찬가지이지요. 시간이 지나면 이를 분명히 알게 될 겁니다. 시간은 옳은 사람을 드러내기 때문입니다. 반면에 악인은 하루만에도 식별할 수 있지요.

조윤 크레온이 생각보다는 잘 방어하는데? "제가 직접 통치한다면 하기 싫은 일도 마지못해 해야 할 게 많겠지요. 그러니 어떻게 걱정 없는 명예와 권력을 갖는 것보다 왕권을 갖는 것이 저에게 더 유쾌하겠습니까?"란 이 말을 곰곰이 생각해보면 일리가 있는 말이잖아?

민석 그렇게 생각해. "이성적인 자제력을 가진 사람"이라고 못을 박아 다른 생각이 끼어들지 못하게 봉쇄까지 했어.

일훈 직접 통치하고 있는 오이디푸스는 그러면 이성적인 사람이 아니란 말이 되는데?

민석 오이디푸스는 테바이 나라에 연고도 없고 권한도 없는 사람이잖아? 크레온과는 다른 위치에 있지.

조윤 크레온의 말이 일리가 있기는 하지만, 나는 그래도 권력을 최종지점까지 추구하는 게 인간의 일반적인 습성이라는 생각을 완전히 떨쳐버릴 수가 없어.

민석 크레온도 그렇게 생각했을 거야. 그래서 오이디푸스에게 "퓌토로 가서 신탁에 대해 직접 알아보시라"고 덧붙였다고 생각해.

일훈 증거를 찾아낸다면 크레온 자신의 이름으로 자기를 저주하고 죽여도 좋다고까지 말을 해 결백함을 분명히 하고 있어. 이로 보아 크레온의 말을 믿어야 할 것도 같고…….

조윤 왕을 모함한 게 들통이 나면 어차피 죽은 목숨 아니니?

민석 테바이의 백성들이 크레온의 발언을 어떻게 받아들였냐가 중요해.

코로스장 실족하지 않도록 그는 잘 말했습니다. 왕이시여! 속단하는 것은 위험에 빠지기 십상이니까요.

오이디푸스 올가미를 놓는 누군가가 빨리 움직이면, 나 역시 빨리 대응해야 하는 법! 내가 편히 기다린다면 그의 목적은 달성되고,

내 것은 빛나갈 테니까.

크레온 무엇을 원하십니까. 절 추방하시려고요?

오이디푸스 아니! 추방이 아니라 죽이겠네.

크레온 …….

오이디푸스 질투란 어떤 것인지 그대가 보여주었네.

크레온 제게 양보하거나, 저를 믿지 않기로 작정하셨군요?

오이디푸스 …….

크레온 당신은 제정신이 아니십니다.

오이디푸스 내 일에는 제정신이네!

크레온 제 일에도 그러셔야죠.

오이디푸스 그대는 악당이야!

크레온 하지만 당신이 잘 모른다면 어쩌실 겁니까?

오이디푸스 그래도 나는 통치해야지.

크레온 하지만 나쁜 주인은 안 되죠.

오이디푸스 오, 도시여! 도시여!

크레온 당신만이 아니라, 저에게도 이 도시에 대한 몫이 있습니다.

민석 백성들의 대표격인 코로스장은 크레온의 손을 들어주
      었어.

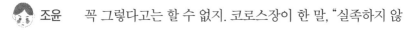 조윤 꼭 그렇다고는 할 수 없지. 코로스장이 한 말, "실족하지 않

도록 그는 잘 말했습니다. 왕이시여! 속단하는 것은 위험에 빠지기 십상이니까요."는 왕에게 좀 더 숙고할 여지가 있다는 것을 환기시키는 말일 뿐이야.

민석   왕에게 그 정도 말했으면 왕이 틀렸다는 소리라고 봐야지!

일훈   나도 민석이 말에 한 표!

코로스장 그만두십시오, 왕들*이시여! 이오카스테 마님께서 집에서 나오시는 것이 보입니다. 그분의 도움으로 말다툼을 끝내시지요.

---

* 오이디푸스와 크레온 두 사람을 다 이렇게 부른다. 고귀한 사람 정도의 뜻이다.

3장

포키스 삼거리에서 죽였소

오이디푸스, 크레온, 코로스, 이오카스테

이오카스테 딱한 분들이여! 어째서 답 없는 말다툼을 벌이세요. 부끄럽지 않으세요? 나라가 이렇게 병들었는데, 사사로운 불화로 분란을 일으키다니! 당신은 성으로 들어가세요. 크레온, 자네도 사소한 일을 키우지 않도록 자네 집으로 가게나.

크레온 오, 누님! 누님의 남편 오이디푸스는 정말로 제게 해를 입히려고 해요. 두 가지 해악, 추방이나 사형 중에서 고르려 하고 있단 말입니다.

오이디푸스 내가 그렇게 말했소. 여보! 그가 사악한 꾀를 부려 내 몸에 악행을 저지르는 것을 내가 알아내었소.

크레온 당신께서 들씌우는 말대로 제가 했다면, 저는 저주받아 죽을 거예요. 그렇다면 신께서 절 결코 축복하지 않고 파멸시키시길!

이오카스테 그를 믿으세요, 오이디푸스! 신께 맹세한 것을 봐서라도! 그리고 저와 당신을 둘러선 이들을 봐서도 그를 존중하세요.

코로스(좌1) (애탄가) 믿으소서. 그리하소서. 신중하소서. 왕이시여! 탄원하나이다.

오이디푸스 그래, 그대는 내가 무엇을 양보하기를 원하시오?

코로스 지금껏 한 번도 어리석지 않았고, 지금은 맹세로 인해 힘이 생긴 저 사람을 존중하소서!

오이디푸스 그대가 지금 무엇을 요구하는지 알고 있소?

코로스(좌1) 알고 있습니다.

오이디푸스 그렇다면 말해보시오!

코로스(좌2) 자기를 저주하는 맹세까지 한 신성한 친구를 불확실한 추측으로 죄를 씌워 불명예스럽게 쫓아내지 마십시오.

오이디푸스 알아두시오! 그대가 그것을 원한다면, 그대는 내 몰락이나 추방을 원하는 것이라는 사실을!

코로스 신들 중 가장 빠른 헬리오스(태양신)께 맹세코, 아닙니다! 그런 생각을 했다면 저는 신께 버림받고 친구에게 버림받아 비참하게 죽을 것입니다. 시들어가는 나라에 의해 제 영혼은 지칠 대로 지쳤습니다. 설상가상으로 당신들 때문에 생겨날 재앙까지 겹친다면, 그 고통을 어떻게 더 감당할 수 있겠습니까?

오이디푸스 그럼 그를 보내시오. 내가 살해되거나 불명예스럽게 추방될 게 확실하지만 말이오. 그가 아니라 그대의 입이 연민을 일으켰소. 하지만 이자는 어디 있든 미움받을 것이오.

크레온 당신은 화낼 때는 격렬하더니, 어쩔 수 없이 양보하실 때는 비겁하군요. 그런 영혼은 스스로 견뎌내질 못하지요.

오이디푸스 나를 가만 내버려두고 떠나가지 못하겠나?

크레온 가지요. 지각없는 당신에겐 오해받지만, 이들은 제 결백을 알지요.

(크레온 퇴장.)

조윤 오이디푸스를 대하는 크레온의 태도가 약간 바뀌었다고 생각하지 않니?

일훈 지지자가 많아졌으니까. 이오카스테도, 코로스도 다 오이디푸스에게 신중할 것을 요구했잖아?

 조윤 이오카스테와 코로스가 크레온을 지지하면서 드는 근거가 맹세인데, 그것을 근거라고 할 수 있나?

민석 코로스는 "자기를 저주하는 맹세까지 한 신성한 친구를 불확실한 추측으로 죄를 씌워 불명예스럽게 쫓아내지 마십시오"라고 했고, 이오카스테는 "그를 믿으세요, 오이디푸스! 신께 맹세한 것을 봐서라도!"라고 했을 뿐, 다른 근거를 들어 크레온을 지지한 건 아니긴 하지.

조윤 　그럼에도 오이디푸스는 이들의 요청을 받아들였어. 볼수록 괜찮은 왕이란 생각이 들지 않니?

무하샘 　맹세의 효력에 대해 조금 생각해보죠. 얼추 2500년 전 사람이 받아들이는 맹세의 의미와 지금 현대인이 받아들이는 맹세의 의미가 비슷할까요?

일훈 　맹세가 맹세지! 이 맹세, 저 맹세 다르겠어요?

민석 　맹세가 실제로 효력이 발생한다고 믿는 것과 믿지 않는 것은 다르지!

조윤 　지금은 맹세한 말이 거짓이든 아니든, 직접적으로는 아무런 효력을 발생시키지 않는다고 생각하지만, 그때도 그랬을까? 더구나 신에게 하는 맹세인데도?

일훈 　그때는 과학이 발달하지 않았으니까 신에 대한 믿음이 지금과는 달랐겠지.

민석 　맞아. 그래서 신에게 맹세한 것은 반드시 지켜야 하고, 거짓 맹세를 하면 반드시 벌을 받는다고 여겼어. 물론 그런 생각을 비웃는 사람도 있었겠지만, 사람들에게 퍼진 일반적인 믿음은 맹세의 힘이었어.

조윤 　당시에 신에게 거짓 맹세를 하는 것은, 요즘으로 치면 법정에서 하는 위증죄에 해당한다고 해야겠네.

민석   당시 사람에겐 그 이상이었을 거야. 신들도 맹세한 것을 어기면 큰 벌을 받는다고 여길 정도였으니까. 특히 스틱스강에 대고 한 맹세는 무시무시했어. 스틱스강에 대고 한 맹세를 어기면, 신조차도 1년 동안은 숨도 못 쉬고 말도 하지 못하는 상태로 누운 채 지내야했고, 이후 9년 동안은 신들의 모임에 얼굴을 내밀지 못한다고 믿었거든.

조윤   맹세는, 하면 반드시 지켜야 하는 족쇄였구먼!

일훈   신들에게도 맹세가 족쇄가 되었다는 게 의외다. 그래도 제우스에게는 예외였겠지?

민석   아니. 제우스에게도 똑같이 적용 돼. 제우스가 스틱스강에 대고 맹세했다가 사랑하는 여인을 불에 태워 죽여야 했던 적도 있었으니까.

조윤   뭐, 정말?

민석   세멜레에게 소원을 하나 들어주겠다고 맹세했다가 세멜레를 타 죽게 만들었지.

 일훈   그리스 신화는 내가 전공이니까, 내가 얘기해줄게. 제우스와 세멜레가 한창 눈이 맞아 달콤한 시간을 보내고 있는데, 제우스의 아내인 헤라 여신이 이 사실을 알게 되었지. 복수를 해야겠다고 생각한 헤라는 변장한 채 세멜레에게 접근해, 지금 사귀고 있는 사람의 모습은 본모습이 아니라고 알려주지. 그러면서 진짜 사랑한다면 본모습을 숨길 이유가 없으니, 시험 삼아 그의 본모습을 보여달라고 졸라보라고 했지. 단 조건이 있는데, 본모습이 아닌 또 다른 모습을 보여주며 그것이 본모습이라고 둘러댈 수 있으니, 먼저 스틱스강에 대고 맹세를 하게 해야 한다고 했지. 헤라 여신의 꾀임에 빠진 세멜레는 먼저 제우스에게 한 가지 소원을 들어달라고 간청하지. 제우스가 들어주겠다고 하자, 세멜레는 제우스에게 먼저 스틱스강에 맹세하라고 해. 제우스는 생각 없이 그렇게 해주었어. 세멜레는 미소 짓는 얼굴로, '당신의 본모습을 한 번만이라도 보여달라'고 속삭였지. 아뿔싸, 인간이 신의 변형된 모습이 아니라 본모습을 보면, 그 자리에서 인간은 신의 본모습이 뿜어내는 불꽃에 타 죽게 되어 있어. 맹세를 한 일인지라 제우스는 어쩔 수 없이 세멜레에게 자신의 본모습을 보여주었지. 제우스의 몸에서 타오르고 있는 불꽃에, 불쌍한 세멜레는 순식간에 타들어 갔어. 이렇게 헤라 여신의 뜻은 이루어졌지.

민석 하지만 제우스는 재가 되어가고 있는 세멜레의 몸 안으로 손을 집어넣었어. 그녀의 몸에서 무엇인가를 잽싸지만 조심스럽게 끄집어내었지. 핏덩이 아이였어! 제우스는 자신의 허벅지를 째고 그 속에 아이를 넣어 길렀지. 날 수가 다차 제우스의 허벅지를 뚫고 나온 존재가 있었으니, 그가 바로 디오니소스야. 인간으로부터 그리스 비극을 찬양물로 받았던 그 신, 디오니소스!

일훈 디오니소스신이 없었으면, 그리스 비극도 없었다는 소리가 될 테니까, 제우스의 맹세가 가져온 파장을 어떻게 평가해야 하지?

조윤 그것도 재미있는 얘깃거리가 되겠다. 아무튼 맹세하고 한 말에 대한 책임이 그 정도였다면, 거짓말을 해놓고 거기에 대고 맹세를 한다는 것은 아예 생각할 수조차 없었겠구나?

무하샘 성서에서도 맹세의 효력을 알 수 있는 구절이 있어요. 다른 사람의 짐승을 맡아 기르다가 그것이 죽거나 없어진 경우에, 맡아 기른 사람이 자기 책임이 아니라며 주장할 수 있겠죠? 그때 그의 주장을 전폭적으로 인정해주는 경우가 있는데, 하느님께 맹세하고서 자기 잘못이 아님을 주장하는 경우엔 그렇게 해주었어요.[*]

일훈 그래서 테바이 백성들이나 이오카스테왕비도 오이디푸스에게, 크레온이 신을 두고 맹세했으니 그의 말을 받아들이

---

[*] 그것을 맡은 사람이, 이웃의 짐승을 가로채지 않았음을 주 앞에서 맹세함으로써 둘의 옳고 그름을 가려야 한다. 이 경우에 그 임자가 맹세를 받아들이면, 그는 물어내지 않아도 된다. 출22:11

라고 간청한 거구나!

코로스(우1) 마님! 이분을 왜 집으로 빨리 데려가시지 않습니까?

이오카스테 그 전에 대체 무슨 일인지 알아야겠소.

코로스(우1) 말을 하다가, 불식간에 근거 없는 비방이 말에 섞였습니다. 하지만 근거 없는 말도 부당한 것을 찌르지요.

이오카스테 그들 둘이 모두 그랬나요?

코로스(우1) 그렇습니다.

이오카스테 무슨 말이었지요?

코로스(우1) 제겐 이미 벅찹니다. 나라가 고통 받는 것으로도 벅차므로, 다툼이 끝난 그곳에 그 이야기는 그대로인 채 두세요.

오이디푸스 그대가 좋은 의도로써 내 마음을 풀고 되돌리려다, 지금 어떤 지경에 처하게 되었는지 아시오?

코로스(우2) 왕이시여! 저는 말씀드렸고, 또다시 말씀드리겠습니다. 제가 당신을 떠난다면, 저는 지혜롭지 못하고 정신 나간 자로 보일 겁니다. 당신은 제 사랑스러운 나라가 고통으로 헤매고 있을 때 올바른 방향으로 정의를 이루셨고, 지금도 우리를 행복으로 인도하실 분으로 보이기 때문입니다.

이오카스테 신께 맹세하건대, 왕이시여! 무엇 때문에 그런 분노를 일으켰는지 내게도 말해주세요.

오이디푸스 이들보다도 당신을 더 존중하므로, 크레온이 벌인 일을 말하겠소. 그가 나를 해치려 일을 꾸몄소.

이오카스테 더 상세히 말씀해주세요. 다툼 속 상대의 잘못을 주장하려면요.

오이디푸스 그는 내가 라이오스를 살해했다고 하고 있소.

이오카스테 그가 직접 아는 건가요, 아니면 들어서 아는 건가요?

오이디푸스 그게 아니오, 그가 그 사악한 예언자가 최대한 말을 퍼트릴 수 있도록 했소. 그 자신은 의심에서 벗어난 채 말이오.

이오카스테 당신은 이제 그 일은 놔두고 절 따르세요. 필멸자 중에는 예언자가 없다는 걸 알아두세요. 딱 들어맞는 증거를 제가 보여드리지요. 언젠가 라이오스에게 신탁이 내려졌어요. 그와 저 사이에 태어난 아들에게 그가 죽을 운명이 기다리고 있다고요. 포이보스 님으로부터 온 신탁이라고는 하지 않겠어요. 말하자면 그분의 사제들로부터 내려왔지요. 하지만 그를 죽인 것은, 소문에 따르면, 마차가 다니는 삼거리의 낯선 도둑들이었어요. 한편 라이오스의 아이는 태어난 지 삼 일도 안 돼 다리가 묶인 채, 낯선 손으로 험준한 산에 버리도록 조치가 취해졌지요. 그러니 아폴론께서는 그 아이가 아버지의 살해범이 되지 않게 해주셔서, 라이오스가 매우 두려워했던 말, 아들에게 죽으리라는 말이 잘못되었음을 보이셨죠. 예언자의 말은 이런 식으로 드러났어요. 그러니 구애받지 마세요! 신께서 필요성을 느끼시는 일은 스스로 쉽게 드러내시니까요.

오이디푸스 그 말을 들으니 진정이 되지 않소, 부인! 내 영혼이 당황하고, 생각이 혼란스럽소.

이오카스테 무슨 걱정으로 불길한 말을 하세요?

오이디푸스 라이오스가 삼거리에서 죽었다고 당신에게 들은 것 같소.

이오카스테 그렇게들 말했고, 아직도 떠돌고 있는 말이지요.

오이디푸스 그 운명이 일어난 곳이 어디요?

이오카스테 그 땅은 포키스라 불려요. 두 개의 갈림길이 델피와 다울리아로부터 와서 만나는 길이지요.

오이디푸스 그런 일이 있은 때로부터 얼마나 지났소?

이오카스테 당신이 나라의 통치권을 얻기 직전에 도시에 알려졌어요.

오이디푸스 오, 제우스시여! 당신은 제게 무슨 일을 계획해놓으셨나요?

이오카스테 오이디푸스여, 어째서 그 생각에 그렇게 계속 머물러 계시는 거죠?

오이디푸스 아직 내게 묻지 마시오. 라이오스에 대해 말해주시오. 그는 어떻게 생겼으며, 나이는 얼마나 되었었소?

이오카스테 키가 크고, 흰 머리카락이 머리에 나기 시작했지요. 체구는 당신과 비슷했고요.

오이디푸스 불쌍한 내 신세여! 나는 방금 나 자신을 강력히 저주하고서도 아무것도 몰랐구나!

이오카스테 무슨 말이세요? 왕이시여! 당신을 보고 있자니 불안해지네요.

오이디푸스 그 장님 예언자가 장님이 아니었을 수도 있겠다는 생각에 매우 두렵소. 한 가지 더 말해주오. 그러면 더 잘 알려줄 수 있을 것 같소.

이오카스테 무서워요. 그럼에도 물어본다면 아는 대로 대답하겠어요.

오이디푸스 라이오스가 홀로 나갔소, 아니면 국왕처럼 건장한 사내들을 여럿 거느리고 나갔소?

이오카스테 다섯이 전부였어요. 전령 한 명이 함께했고요. 라이오스는 마차 한 대만 몰았지요.

오이디푸스 아아! 분명하구나. 오, 부인이여! 누가 그 말을 전해주었소?

이오카스테 홀로 도망친 하인이요.

오이디푸스 그가 아직 집에 있소?

이오카스테 아니요! 돌아와서 당신이 권력을 잡고 라이오스가 죽었다는 걸 알고는, 제 손을 잡으며 도시에서 가장 먼 목장, 시골로 보내달라고 간곡히 부탁했어요. 그래서 그를 보내주었지요. 그 하인은 더 큰 은혜도 받을 가치가 있었으니까요.

일훈   오이디푸스가 "아아! 분명하구나. 오, 부인이여!"라고 했는
데, 뭐가 분명하다는 거지?

민석   뒤쪽에서 밝혀지지만 오이디푸스가 테바이로 들어올 때,
사람을 죽인 적이 있거든. 그 자신이 죽인 사람이 바로 라
이오스였을 거라는 생각이 확고하게 들었던 게지.

조윤   이런 상태에서 오이디푸스는 어떻게 할까? 너희가 오이디
푸스였다면 어떻게 했겠니?

일훈   어떻게 하긴, 빨리 불러오라고 해야지!

조윤   오이디푸스 자신이 라이오스를 죽인 범인이라는 게 만천
하에 공개될 수도 있는데?

일훈·민석 ······.

민석   생각을 해봐야겠는데~~

일훈   몰래 그 사람에게 사람을 보내 자초지종을 들어본 뒤, 오이
디푸스 자신이 범인인 게 확실해지면 그땐 그 사람도 죽이
지 않을까?

민석   일반적인 보통 사람이라면 그렇게 하겠지.

조윤   오이디푸스는 지금껏 당당했어. 자신의 명예와 운명이 걸
린 문제에 있어서도 여전히 당당할 수 있을까?

일훈   자신의 목숨이 달린 문제에서도 그러기는 쉽지 않지. 권력
이 괜히 좋겠니? 이런 경우에, 자신에게 불리한 것을 그냥

묻어버릴 수 있는 방법과 권력을 충분히 가지고 있는 게 왕이잖아?

오이디푸스 그에게 빨리 돌아오라고 전할 수 있소?

이오카스테 그럼요. 하지만 왜 그걸 원하죠?

오이디푸스 내가 스스로 너무 많이 말했을까 두렵소, 부인! 그래서 그를 보고 싶소.

이오카스테 그는 올 거예요. 하지만 무엇이 당신에게 해를 끼치는지, 오, 왕이시여! 저도 들을 자격이 있어요.

오이디푸스 불길한 예감이 가슴 깊이 스며들어왔으니 당신에게 숨기지 않겠소. 당신 말고 누구에게 이를 털어놓으며, 이런 운명을 통과하는 데 당신보다 누가 더 중요하겠소? 내 아버지는 코린토스 사람인 폴리보스이고, 어머니는 도리스 출신인 메로페요. 그 운명이 나를 덮치기 전까지 거기서 나는 시민 중 최고로 여겨졌소. 그때 나타난 운명은 놀라웠지만, 내 열심을 끌어낼만한 것은 아니었소. 한 남자가 식사 도중, 와인에 잔뜩 취해, 내가 가짜 아들이라고 말했소. 나는 화가 났지만 어렵게 그 시간을 참았소. 다음 날 어머니와 아버지께 가서 그 말에 관해 물었소. 그분들은 나에게 모욕적인 언사를 행한 자들에게 화를 잔뜩 내셨소. 그것은 나를 기쁘게 했소. 그러나 그 말은 나를 계속 괴롭혔소. 그 말이 널리 퍼졌기 때

문이오. 그래서 아버지와 어머니 몰래 퓌토(델포이)를 방문했소. 포이보스(아폴론)께서는 내가 온 용건은 무시하시고, 나를 떠나보내시며, 고통스럽고, 크고, 불행한 것을 말씀하셨소. 내가 어머니와 섞이고, 사람들이 결코 볼 수 없는 자식들을 낳으며, 내게 생명의 씨앗을 심어준 아버지를 살해하리라고 하셨소. 그걸 듣고서 나는 별들을 보고서 그곳과의 거리를 재며 코린토스의 땅에서 달아났소. 내 사악한 신탁이 이루어지는 치욕을 결코 볼 수 없도록 나는 떠돌았소. 그러다가 당신이 말했던, 그 주인이 살해당했다는 지역에 도착했소. 당신께도, 오, 부인! 진실을 말하겠소. 내가 삼거리를 지나갈 때, 당신이 말한 대로, 한 남자를 태운 전령이 작은 마차를 타고서 나와 마주쳤소. 그 마부와 나이께나 먹은 사람이 강제로 나를 길에서 떠밀었소. 나는 화가 나, 마차를 몰던 마부를 가격했소. 그러자 그 나이 먹은 사람이 마차 옆을 지나가는 나를 보고서, 끝에 침이 박히고 두 갈래로 된 짐승몰이 막대기로 내 머리를 가격했소. 하지만 그는 자신이 한 만큼 이상을 당했소. 재빨리 타격하는 이 손의 지팡이에 맞아, 그는 마차에서 거꾸로 굴러 떨어졌소. 나는 그들 모두를 죽였소. 그 낯선 자가 혹시 라이오스와 혈연관계*였다면, 나보다 비참한 자가 어디 있겠소? 나보다 더 신들께 미움을

---

* 직접 라이오스라고 말하는 것을 피하려 이렇게 말함.

받는 자가 누가 있겠소? 어떤 이방인, 어떤 도시인도 날 집에 들여서는 안 되고, 아무도 나에게 말을 걸어선 안 되고, 모두들 나를 집에서 내쫓아야 하니 말이오. 이 저주는 다른 이가 아닌 내가 스스로 내렸소. 그를 죽인 손으로 나는, 망자의 혼인침대까지 더럽히고 있소. 나는 진정 사악한 본성을 가지고 태어나지 않았소? 철저히 더러운 존재가 나 아니냔 말이오. 내가 추방되어야 한다면, 추방된 뒤론 내 가족을 봐서도 안 되고, 조국(코린토스)으로 돌아가는 것도 허용되지 않는 자일 테니 말이오. 그렇게 하지 않으면, 나는 어머니와 잠자리를 하게 되고, 나에게 생명의 씨앗을 주시고 길러주신 아버지 폴리보스를 살해할 테니 말이오. 누구든 내게 일어난 이 일을, 잔혹한 신들에 의한 것이라고 말한다면 그는 옳은 판단을 내리고 있는 것이 아니겠소? 오, 깨끗하고 신성한 빛의 신이시여! 결코, 결코, 내가 그 날을 보지 않게 하소서! 그런 치욕으로 내 몸이 더럽혀지기 전에, 차라리 이 세상 사람들 사이에서 사라지고 싶습니다.

민석   오이디푸스는 모든 걸 공개적으로 말해버렸어.

일훈   꼭꼭 숨기고 싶은 일일 텐데, 자기가 지은 큰 죄과를 공개했어. 오이디푸스는 용기 있는 사람이었구나!

조윤   이렇게 자신에게 솔직하고 용기 있는 사람을 만나긴 쉽지 않겠지?

일훈   스핑크스의 수수께끼를 풀어서 인간 중에 최고로 지혜로운 사람임을 보여주더니만, 지금은 인간 중에 최고로 용기 있는 사람임을 입증하는구나.

조윤   모르는 사람들이 자기를 강제로 떠밀고, 막대기로 머리를 때렸다고 그 사람들을 모조리 죽여버린 사람이 오이디푸스야. 너무 다혈질이라는 생각이 들지 않니?

일훈   그건 그래. 그런데 오이디푸스는 무술 실력도 엄청났나봐. 혼자서 네댓 명을 상대로 싸워서 그들을 완벽하게 제압해버렸으니 말이야.

무하샘 여기서 오이디푸스의 다혈질적인 성격을 간파할 수도 있다고 생각해요. 하지만 당시 사람들은 그렇게 생각하지 않고, 어쩌면 자기 존엄성을 자기 목숨보다 더 소중히 여긴 사람으로 여기게 되는 사건이지 않았을까 싶네요.

조윤   사람을 4~5명이나 죽였는데요?

민석   그 당시와 지금은 많이 다르다는 점을 염두하고 이 장면을 봐야 한다고 생각해. 불과 300년 전까지도 결투하다가 상대편을 죽여도 문제가 안 되었던 곳이란 걸 생각해야지. 하물며 2500년도 더 된 일이잖아?

무하샘 물론 시대가 다른 점도 중요해요. 우선 한 명이 5명에게 굴복하지 않고 그들에 맞서 싸운다는 것은, 자기 목숨을 지키는 것이 최고라고 여기는 사람이 할 행동은 아니겠죠? 그런 사람은 자기 명예, 자기 존엄성을 아주 중시하는 사람이라고 할 수 있을 거예요. 그런데 명예와 관련해서, 이 장면엔 특별히 기억할 사항이 있어요. 오이디푸스가 그들이 "끝에 침이 박히고 두 갈래로 된 짐승몰이 막대기로 내 머리를 가격했다"고 밝히는 게 그거예요. 이것은, 그들이 오이디푸스를 짐승이나 노예로 취급했다는 소리거든요. '짐승몰이 막대기'로 자유민을 칠 수는 없는 법이거든요.

 민석   그냥 일반 시민도 아니고, 한 나라의 왕자가 그런 취급을 받으면 모욕감을 느끼긴 했겠다.

일훈   그러면 오이디푸스는 자기 존엄성을 자기 목숨보다 더 소중히 여긴 사람이네?

조윤   맞아. 오이디푸스, 이 사람의 흠은 도대체 뭐야? 이 사람에게 흠이 있기는 한 거야?

민석   그러게! 지금까진 찾을 수 없어. 앞으로는 나올 수 있으니, 그 점에도 주목하고서 대본을 읽어가는 게 좋겠다.

일훈   이해가 잘 안 되어서 그러는데, 왜 "조국(코린토스)으로 돌아가는 것도 허용되지 않는 자일 테니 말이오. 그렇게 하지 않으면, 나는 어머니와 잠자리를 하게 되고, 아버지 폴리보스를 살해할 테니 말이오."라고 말한 거지?

민석 아폴론의 사제가 한 말, '라이오스를 살해한 자는 오이디푸스'라는 말이 사실로 판명되는 것을 지금 봤잖아. 그러니 그 전에 자기가 직접 델포이에 가서 들었던 신탁도 이루어지는 것 아닌가 하는 공포에 휩싸여 있기 때문이지.

조윤 "내가 어머니와 섞이고, 사람들이 결코 볼 수 없는 자식들을 낳으며, 내게 생명의 씨앗을 심어준 아버지를 살해하리라"고 한 신탁 말이야.

일훈 흠결이라고는 찾을 길이 없는 오이디푸스건만 고향도 못 가고, 부모님도 만나 뵐 수 없고, 남은 생을 떠돌이로만 살아야 한다니, 그 사람도 참 불쌍하다.

민석 그렇게 재수 없는 사람을 받아줄 나라가 있기나 할지 모르겠다.

조윤 운명이란 참 알다가도 모르겠다.

민석 오이디푸스에게 지금 문제가 되는 것은, 살인이 아니라 라이오스를 죽인 게 문제이지.

일훈 정당한(?) 살인이라면, 라이오스를 죽인 건 왜 문제가 되는 거지? 라이오스가 왕이어서?

조윤 왕이었든 아니었든, 아폴론신이 그 사람을 반드시 처벌하라고 명령했으니, 어쨌든 그게 문제인 거지.

민석 왕을 죽인 것과는 직접적인 관련은 없어. 아폴론이 왜 그런 명령을 내렸는가가 뒤에 나오니까, 그때 다루자.

 조윤 게다가 오이디푸스 스스로 라이오스를 죽인 자에게 엄청난 저주를 맹세한 것도 돌이킬 수 없는 문제이겠고.

코로스 왕이시여, 우리는 무섭습니다. 하지만 목격자에게 듣기 전까지는 희망을 가지십시오.

오이디푸스 이제 내게 희망은 오로지 그자, 양치기를 기다리는 것뿐이오.

이오카스테 그가 나타나면 어쩌실 건가요?

오이디푸스 그가 당신 말대로 말했다는 게 밝혀지면, 나는 고통을 피할 수 있소.

이오카스테 무슨 특별한 말을 제게서 들으셨나요?

오이디푸스 도적떼가 그를 죽였다고 말했잖소. 그가 지금도 같은 숫자를 말한다면, 내가 그를 죽인 게 아니오. 한 명이 여럿일 수는 없으니까. 그러나 동행 없는 단 한 명이 죽었다고 그가 말한다면, 그 행위는 분명히 내게 기울어지오.

이오카스테 알아두세요. 그 말은 명백해요. 이를 뒤집을 수는 없어요. 저만이 아니라 온 도시가 들었어요. 하지만 왕이시여! 그가 옛날에 했던 말에서 조금 벗어나 말하더라도, 예언과 딱 그대로임을 증명하진 않아요. 록시아스께서는 그이가 '내 아이에게 죽임을 당하리라'고 말씀하신 게 분명하니까요. 그 불행한 아이는 그이를 죽이지 않았을 뿐 아니라, 먼저 죽어버렸죠. 그러니 앞으로 저는 예언에서 아무것도 찾지 않을 거예요.

오이디푸스 좋은 생각이오. 그 일꾼에게 사람을 보내시오. 그 일을 놔두지 마시오!

이오카스테 신속히 보낼게요. 우리는 들어가요. 나는 당신이 싫어하는 일은 하지 않을 거예요.

(오이디푸스와 이오카스테 퇴장.)

코로스(좌1) 천상의 존재들이 규정한 법에 따라 나의 말과 행위가 경건하고, 운명이 나와 함께 하기를! 그 법은 하늘의 에테르(신들이 사는 곳의 물질로, 신들이 숨 쉬는 일종의 순수한 공기다.)에게서 태어났으니, 올림포스가 유일한 아버지이고, 필멸의 존재인 인간의 본성이 낳지 않았으며, 결코 망각하거나 잠들지 않네. 법 가운데서 신께서는 위대하시고 노쇠하지도 않으시네.

코로스(우1) 오만은 폭군을 낳네. 오만은 허영심으로 가득 차서, 때에 맞지 않고 유익하지도 않은 것의 꼭대기에 올랐다가, 두 발을 쓸 수 없는 가파른 필연으로 떨어지네. 유익한 발도 거기서는 쓸모가 없다네. 하지만 도시에 유익한 경쟁은 신께서 없애버리지 않으시기를 비네. 나는 신을 언제나 보호자로 여길 것이네.

조윤	코로스의 노랫말이 이전과 달라졌다는 생각이 들지 않니?
일훈	그런 것 같기는 한데, 어떻게 바뀌었는지 정확히 짚지는 못하겠어.
조윤	그전엔 '법', '오만', '정의' 이런 말이 들어가지 않았잖아?
민석	맞아. 그전엔 코로스가 오이디푸스에게 성급하게 결론을 내리지 말라고 요청하면서도 그에 대한 신뢰를 전폭적으로 보냈어. 코로스장이 "제가 당신을 떠난다면, 저는 지혜롭지 못하고 정신 나간 자로 보일 겁니다. 당신은 내 사랑스러운 나라가 고통으로 헤매고 있을 때 올바른 방향으로 정의를 이루셨고, 지금도 우리를 행복으로 인도하실 분으로 보이기 때문"이라고 말한 것 생각나지? 그런데 지금은 그런 기조 속에 있지 않다는 생각이 든다.
일훈	그렇긴 하지만, 코로스가 혼란스러워하기도 했잖아?
민석	오이디푸스를 범죄자로 지목한 사람이, 아폴론의 사제이자 예언자로 이름이 높은 테이레시아스이니 그럴 수밖에 없었겠지.
조윤	그런데 그 뒤로 일이 전개되어 나가는 꼴을 보니, 오이디푸스가 범인일 가능성이 높다는 것을 알려주려고 코로스로 하여금 그런 노래와 발언을 하게 했다는 생각이야. 오이디푸스 자신이 삼거리에서 마차에 타고 있던 사람과 그 일당

을 죽인 걸 고백한 걸 반영한 노래인 거지.

일훈　그것을 고려하고서 코로스의 노래가 배치되어 있다는 말이야?

민석　소포클레스가 그렇게 연극판을 이끌어가고 있다고 생각해. 이 작품이 달리 이름이 높겠니?

일훈　얼마나 이름이 높은데?

민석　비극 중에서 최고의 작품이라는 소릴 들었어.

조윤·일훈 그렇게나?

 무하샘　맞아요. 다른 사람도 아닌 역사상 최고의 학자이자 최고의 철학자 중 한 명인 아리스토텔레스의 생각이에요. 그렇다고 그의 말을 맹목적으로 따를 필요는 없겠죠. 역시 철학자인 헤겔은 이 작품이 아니라, 같은 작가가 지은 《안티고네》를 비극의 정상이라고 여기기도 했으니까요. 중요한 것은 어떤 점이 이 작품을 빼어나게 하는가를 느끼고, 알아차리는 거겠죠. 거의 완벽함을 느낄 정도로 탄탄하게 잘 짜여 있는 작품이라는 게 비극 학자들의 일반적인 견해이니까, 그러한 요소를 직접 찾아볼만한 가치는 넉넉하다고 할 수 있을 거예요.

코로스(좌2) 누구든 정의를 두려워하지 않고 신들의 권좌를 존경하지 않아 교만하게 행동하거나 법을 두려워하지 않고 말한다면, 불운한 교만 때문에 나쁜 운명이 그를 낚아채리라. 불손한 과시 때문에 이익을 정당하게 얻지 않고, 손대지 말 것에 어리석게도 손댄다면, 어떤 사람이 신의 화살로부터 맘 편히 숨으며 영혼을 지킬 수 있으리오. 그런 행실들이 존경받는다면, 나는 무엇을 위해 노래하겠는가.

코로스(우2) 만일 신탁이, 모든 필멸자들에게 분명히 들어맞는 것으로 드러나지 않는 이상, 더는 경외심을 가지고 땅의 배꼽(델포이)으로도, 아바이(포키스 북서쪽의 도시. 아폴론의 신전이 있던 곳.)에 있는 신전으로도, 올림피아(제우스 등의 신전이 있는 곳.)로도 더는 가지 않으리. 오, 위대한 분이시여! 당신을 그렇게 부르는 것이 옳다면, 제우스, 세상의 지배자시여! 그것이 당신과 당신의 영원한 지배로부터 숨지 못하도록 해주소서. 라이오스에게 내렸던 옛 신탁이 벌써 훼손되고 있습니다. 아폴론의 영광은 어디에도 드러나지 않고, 신적인 것은 불행히도 사라지고 있습니다.

민석   이제는 한술 더 떠 코로스의 노랫소리가 오이디푸스를 겨
        냥하고 있어. "누구든 …… 교만하게 행동하거나, 법을 두
        려워하지 않고 말한다면 …… 나쁜 운명이 그를 낚아채리
        라"에 들어 있는 '누구든'은 오이디푸스왕을 지목한 거라는

생각이야.

조윤 신에게 신탁이 틀리지 않았다는 것을 내보이라고 촉구하고 있어. 심지어 "아폴론의 영광은 어디에도 드러나지 않고, 신적인 것은 불행히도 사라지고 있습니다."라며, 아폴론을 자극까지 했어.

 일훈 이렇게 순식간에 돌변할 수 있는 거야? 백성들 참 무섭다. 이전에 자신들을 스핑크스에게서 해방시켜줬는데, 갑자기 안면 싹 몰수하고 그때는 그때고 지금은 지금이라는 태도야. 코로스가 백성들을 대표한다고 했지?

민석 그것이 코로스가 하는 역할의 전부는 아니지만, 일반적인 여론을 알려주는 역할을 하기도 하지.

4막

1장

발이 증언할 것입니다

이오카스테, 사신1, 코로스, 이후 오이디푸스

이오카스테 이 땅의 원로들이여! 내겐 신들의 신전에 월계관과 향료를 들고 가야겠다는 생각이 들었습니다. 오이디푸스께서 온갖 고통으로 스스로를 지나치게 자극할 뿐, 이성적인 사람답게 새 일을 옛 일에 비추어서 판단해야 하거늘, 그러지 않고 두려움을 내뱉는 사람의 손 안에 사로잡혀 있으니 말입니다. 제 조언으로는 아무 것도 할 수 없습니다. 오, 뤼케이오스 아폴론이시여! 가장 가까이에 계시는 당신께 경의를 표하고 제물을 바치며 탄원하오니, 이 땅을 오염시킨 것으로부터 깨끗케 할 해결책을 우리에게 주소서. 배의 키잡이인 그가 당혹해하고 있어, 그를 바라보는 우리 모두 두렵사옵니다.

(코린토스에서 온 사자 등장.)

사신1 오, 이방인들이여! 통치자 오이디푸스의 집이 어디인지 알 수 있겠소? 가능하다면 그분이 어디 사는지 알려주시오.

조윤 이오카스테는 오이디푸스에게 신탁 같은 건 믿지 말라고 했잖아? 그런데 그가 손수 신에게 해결책, 즉 신탁을 구하고 있네.

일훈 다급하니까! 오이디푸스를 향해서 '라이오스 살해자'라는 딱지가 성큼성큼 다가오고 있잖아?

민석 이 사신과의 대화가 한참 진행될 즈음에 보면 알겠지만, 이오카스테가 신에게 한 탄원은 이루어져. 그녀의 기원이 있자마자 외국에서 사신이 왔잖아? 그 사람을 통해 '이 땅을 오염시킨 것으로부터 깨끗케 할 해결책'이 나오거든.

일훈 아폴론은 살아있었네!

민석 그런데 아이러니야. 이오카스테가 결코 바라지 않을 방향으로 라이오스를 죽인 죄인이 드러나게 되거든. 그녀의 탄원이 이루어지되, 그녀가 바라지 않는 결과가 나타나는 아이러니라니!

조윤 잘못된 탄원이라는 거네.

일훈 잘못된 탄원을 하는 인간! 그게 한 치 앞을 내다보지 못하는 인간의 하찮음이고, 운명이지!

민석 '잘못된 탄원'이고, 그런 탄원을 신에게 제물을 바쳐가면서 까지 하고 있는 인간이라니! 인간이란 참 슬픈 존재구나.

무하샘 '잘못된 탄원을 하는 인간'이라! 쌤에게도 꽤 인상적인 말이네요. 일훈이가 또 한 번 멋진 말을 만들어냈네요. 그런 생각은 비극에 전반적으로 깔려 있는 정조이지만, 특히 이 작품에 더 짙게 배어 있다는 생각이 드네요.

조윤 셰익스피어 비극에서도 '잘못된 탄원을 하는 인간'을 볼 수 있나?

민석 그런 방향에서 살펴보는 것도 흥미롭겠다는 생각이 든다. '탄원'은 그 사람이 품은 간절한 마음이니까, 리어왕이 그런 사람이 아닐까? 딸들로부터 입에 발린 소리를 간절히(?) 듣고 싶어 하는 리어왕 말이야.

일훈 그렇긴 하지만, 리어왕을 오이디푸스 곁에 나란히 세우면 오이디푸스가 섭하지.

민석 인정! 리어왕을 어디 감히 오이디푸스에 견줄 수 있겠어.

무하샘 그리스 비극과 셰익스피어 비극의 중요한 차이가 지금 여러분들 말 속에서 드러났네요. 그리스 비극의 주인공은 성격적인 결함 때문에 비극적인 상황에 놓이게 되는 것이 아니지만, 셰익스피어 비극의 주인공은 성격적인 결함 때문에 비극적인 상황에 놓이게 된다는 점 말이에요.

조윤　맥베스도 '잘못된 탄원을 하는 인간'이라 할 수 있고, 또 성격적인 결함에 의해 비극적인 상황에 처하게 된 것이니까, 정말 그렇다.

민석　맥베스는 전쟁을 이겨 높은 작위를 받아 현재에 충분히 만족함직한 데도, 마음 속 깊은 곳에 똬리를 틀고 있던 간절한 마음, 즉 왕이 되고 싶다는 마음이 마녀들의 말 한 마디에 뛰쳐나와 '잘못된 바람'을 실현하기 위해 날뛰지. 그의 부인과 함께 말야.

일훈　비교해서 살피니 더 재미있네. 다시 이오카스테 곁으로 가서 그녀의 바람을 실현시켜주기 위해(?) 찾아온 사자의 말을 들어보자.

조윤　성격적인 결함이 없는데도 비극에 처하는 인간을 떠올렸던 고대 그리스인은 도대체 어떤 생각에서 그랬을까?

코로스장　그 집은 여기요. 그분은 안에 있소, 이방인이여! 이 분은 그의 부인 그리고 어머니라오, 그의 자식들의!

사신1　아, 그러시다면 당신은 그분의 온전한 배필이시니, 유복한 이들과 함께 언제나 유복하시길!

일훈   "이 분은 그의 부인 그리고 어머니라오, 그의 자식들의!"
이게 도대체 무슨 소리야?

민석   뒤죽박죽처럼 된 말이기는 하지만, 말 그대로야.

 무하샘   이 작품엔 아이러니가 자주 나타나는데, 이것 역시 아이러니 기법 중 하나예요. 헝클어진 말인데, 그 말을 들은 사람은 주목하지 못하지만 공연장에 있는 사람들에겐 충격으로 다가오는 말. 그리고 나중에 가서 그 말이 헝클어진 말이 아니라는 게 판명되는 방식의 아이러니죠. 아이러니의 효과는 여러 가지인데 여기서는 관객들에게 '엄청난 충격'을 주려고 했을 거예요. 이 부분에 대한 좋은 코멘트가 있어 소개할게요.

당시에 희랍어로 듣던 관객에게는 기절할 만한 표현이었을 것이다. 희랍어는 어순이 매우 자유로운데, 지금 이 문장에서 '부인(gyme)'이란 말과 '어머니(meter)'라는 말이 나란히 나오기 때문에, 앞부분만 들으면 "이분은 그의 부인이자 어머니"가 되기 때문이다. '대체 이 무슨 폭로인가!' 물론 이어서 "그의 자녀들의"라는 수식어구가 따라 나와서 곧 진정은 되겠지만, 어쨌든 일시적으로라도 엄청난 충격을 주었을 것이다. (강대진 지음, 《비극의 비밀》, 196쪽)

민석   당시 사람들의 호기심을 확 잡아채는 말이었을 것 같네요.

조윤   소포클레스가 별 장치를 다 해놨네요.

이오카스테 오, 이방인이여. 당신도 그러하길! 당신은 좋은 말을 하였기에 그럴 자격이 넉넉하오. 그런데 말해주시오. 무슨 부탁, 무슨 소식을 가지고 온 것이오?

사신1 당신의 집안과 남편에게 좋은 소식입니다, 부인이시여!

이오카스테 무슨 소식이죠? 누가 당신을 이리로 보내셨지요?

사신1 코린토스에서 왔습니다. 제 말에 기뻐하실 겁니다. 어찌 안 그러겠습니까? 슬프시게 할 수도 있지만요.

이오카스테 그게 무엇입니까? 두 가지 상반된 힘을 가진 하나의 말이라니, 도대체 무슨 말이기에 그렇단 말이오?

사신1 이스트모스(코린토스 지협의 한 부분)의 사람들이 그분을 그곳의 왕으로 세우고자 합니다.

이오카스테 뭐라고요? 연로한 폴리보스께서 더 이상 통치하지 않으신단 말씀입니까?

사신1 이젠 아닙니다. 죽음이 그분을 무덤에 잡아놓고 있으니까요.

이오카스테 뭐라 했소, 노인장! 폴리보스께서 돌아가셨다고 하셨소?

사신1 제 말이 진실이 아니라면 죽어야 마땅할 것입니다.

이오카스테 오, 시녀야! 주인님께 얼른 말씀드리도록 하여라. 오,

신들의 예언이여! 너희는 어디 있는가? 오이디푸스는 그 남자를 죽이게 될까 두려워 오랫동안 피해 다녔거늘, 이제 그는 오이디푸스 때문이 아니라 자연에 의해 죽지 않았는가?

조윤　이오카스테가 확 돌변했어. 조금 전에만 해도 "오, 뤼케이오스 아폴론이시여! 가장 가까이에 계시는 당신께 경의를 표하고, 제물을 바치며 탄원하오니"라고 하더니, 순식간에 "오, 신들의 예언이여! 너희는 어디 있는가?"라며 신탁을 조롱하고 있어.

일훈　신탁이 틀렸으니까 그렇지. 아들인 오이디푸스가 아버지를 죽일 거라는 예언을 했는데, 지금 그 예언이 틀렸다는 게 밝혀졌잖아?

 조윤　코린토스의 폴리보스가 죽었다니까. 그런데 이오카스테는 왜 '아버지를 죽이게 될까 두려워'라고 하지 않고, "그 남자를 죽이게 될까 두려워"라고 했을까?

일훈　폴리보스가 남자니까 아무렇게 말해도 상관없잖아?

민석　이 작품을 이미 읽은 사람은 알겠지만, 상관없는 일이 아니야. 아이러니이기도 하고, 복선이기도 하지.

(오이디푸스 등장.)

오이디푸스 오, 사랑하는 부인, 이오카스테여! 무슨 일로 나를 집에서 불러냈소?

이오카스테 이 분의 말을 듣고, 신의 그 높은 예언이 어디로 갔는지 찾아보세요.

오이디푸스 이 사람은 누구고, 내게 전할 말이 뭐라는 거요?

이오카스테 그는 코린토스에서 온 사람이에요. 당신의 아버지 폴리보스께서 더 이상 살아계시지 않고 돌아가셨다는 걸 알리러 왔대요.

오이디푸스 뭐라고? 이방인이여! 당신이 내게 직접 밝히시오!

사신1 이 소식부터 먼저 분명히 알려야 한다면, 알려드리겠습니다. 그분께선 죽음과 함께 떠나셨습니다.

오이디푸스 음모에 의해 돌아가셨소? 병으로 돌아가셨소?

사신1 노쇠한 몸은 조금만 기우뚱해도 멈추고 잠드는 법이지요.

오이디푸스 보아하니, 가련한 그 노인께선 병에 걸려 돌아가신 것 같구려.

사신1 그렇습니다. 그리고 긴 세월을 지나오셨기 때문이기도 하고요.

오이디푸스 오, 부인! 이제 누가, 다시금 예언자의 화로나 지저귀는 새들에게 물어보겠소? 그들 생각으로는 이미 죽어 지하에 잠든 아버지를 내가 죽였어야 했소. 하지만 여기 내 창은 깨끗하오. 혹시 그분께서 나를 그리워하시다가 돌아가셨다면, 뭐 나 때문이라고 한 말도 일리가 있겠지만 말이오. 하지만 폴리보스는 아무 가치도 없는 예언들도 함께 데려가, 하데스 곁에 누워 계시거늘!

이오카스테 내가 진작 말하지 않았어요?

오이디푸스 당신이 그랬지. 하지만 나는 공포에 이끌려 곁길로 빠졌고.

민석 이제 신탁을 맘대로 조롱하는군!

조윤 인간 지식의 승리를 즐기는 거지.

일훈 설마 인간이 신보다 더 위대한 것이 입증되었다는 소리는 아니지?

 무하샘 이 작품이 공연되던 때는 그리스인들의 신에 대한 믿음이 막 흔들리고 있던 참이었어요. 자연철학자들이 그런 현상을 주도했죠. 가령 실제의 태양이나 달을 전에는 신이라고 여겼는데, 아낙사고라스(기원전 500~428년경) 같은 자연철학자는 천체와 여러 자연 현상을 관찰로 이해하려 했어요. 그래서 태양은 불덩어리이고, 달은 태양빛을 반사해 빛을 내는 얼음덩어리라고 했죠. 물론 일반 사람들은 대체로 옛날처럼 태양과 달을 실제로 신이라고 믿었기에, 아낙사고라스는 신의 존재를 부정하는 불경죄를 받아 추방되었어요. 하지만 그것은 명분일 따름이죠. 당시 지배층에서는 아낙

사고라스의 주장에 이성을 잃을 정도로 옛 신앙에 젖어 있
지는 않았거든요. 실제로는 정치적인 이유 때문이었어요.
아낙사고라스가 페리클레스와 관계가 깊었기에, 페리클레
스의 정적들은 아낙사고라스를 공격함으로써 페리클레스
의 정치적 영향력을 약화시키려 한 거죠.

민석 이 작품이 공연될 때는, 일부이기는 하지만 전통적인 신앙
의 힘보다 인간의 이성을 더 믿는 풍토가 조성되고 있었다
는 거네.

조윤 오이디푸스는 인간의 이성과 합리적 정신을 대표하는 사
람이고.

이오카스테 이제 그런 일일랑 아예 마음에서 싹 지우세요.

오이디푸스 무슨 말이요! 그렇다고 내 어찌 어머니의 침대를 두려
워하지 않을 수 있겠소.

이오카스테 사람이 어째서 두려워해야 하죠? 운수가 그를 지배할
뿐, 그 어떤 일에도 확실한 예견은 없어요. 되는 대로 하루하루를
사는 것이 최상이에요. 그러니 당신은 어머니와의 결혼을 두려워
하지 마세요! 필멸자인 인간들 중 이미 많은 사람들이 꿈에서도 자
신의 어머니와 동침하니까요. 이런 것을 아무렇지 않게 여기는 사
람이야말로 삶을 가장 가볍게 짊어지지요.

오이디푸스 어머니께서 돌아가셨더라면 당신의 말은 좋았을 것이오. 그러나 그분이 살아계시는 동안엔, 당신 말이 옳음에도 불구하고 두려워하는 것이 필요하지 않을 수 없소.

이오카스테 그럼에도 아버지의 무덤은 큰 위안*이지요.

오이디푸스 정말 크지요. 하지만 살아있는 여인이 나는 두렵소.

사신1 어떤 여인을 그렇게 두려워하시는지요?

오이디푸스 폴리보스의 아내 메로페이지요, 노인장!

사신1 무엇 때문에 그분이 당신들의 두려움이 되신 거죠?

오이디푸스 신께서 내린 예언의 힘이네, 이방인이여!

사신1 다른 사람이 알아도 되는 일입니까? 아니면 알아선 안 되는 일입니까?

오이디푸스 물론, 괜찮소. 록시아스께서 내게 말씀하신 적이 있소. 내가 어머니와 섞이고, 내 손으로 아버지의 피를 빼앗으리라고 말이오. 그래서 나는 오래 전에 코린토스로부터 멀리 도망쳐 나왔다오. 행운이 있기도 했지만, 그래도 사랑스러운 분의 눈을 보는 것이 가장 행복한 일일 텐데 말이오.

사신1 정말 그 두려움 때문에 그곳을 떠나 살고 계시다는 말씀입니까?

오이디푸스 그리고 아버지의 살해범이 되지 않기 위해서였소, 노인장!

---

* 원래 낱말은 '눈'이나 '빛'이다.

사신1 제가 좋은 의도를 품고 와, 왕이시여, 당신을 그 두려움으로 부터 해방시키지 않았습니까?

오이디푸스 당신은 그에 상응하는 감사를 받을 것이오.

사신1 무엇보다도 그것 때문에 제가 이곳으로 왔습니다. 당신께서 고향에 돌아오셨을 때, 저에게 좋은 일이 있지 않을까하는 마음에서 온 것이지요.

오이디푸스 하지만 나는, 결코 나를 낳은 분 곁에서 살지는 않을 것이오.

사신1 오, 아들이여! 당신은 지금 무슨 행동을 하는지 모르시는 게 분명하군요.

조윤 이건 또 무슨 시추에이션? 코린토스에서 온 사신이 오이디푸스 보고 "아들이여!"라고 했어. 그의 아버지는 도대체 몇 명이야?

민석 세 명! 코린토스의 왕이었던 폴리보스, 지금 이 사신, 그리고 또 한 명!

일훈 그게 누구건, 기구한 팔자의 오이디푸스구나.

오이디푸스 무슨 말이시오? 신께 맹세하건대, 노인장, 말해보시오!

사신1 그분들 때문에 당신이 집에 돌아가는 걸 피하려 하신다면 말입니다.

오이디푸스 포이보스가 내게 말씀하신 신탁이 분명해질까 두렵다오.

사신1 어버이 때문에 치욕 속에 있지나 않을까 해서 꺼려하십니까?

오이디푸스 그렇다오, 노인장! 그것이 나를 늘 두려움 속에 있게 한다오.

사신1 그렇다면, 당신은 아무 것도 아닌 일을 가지고 두려워한다는 것을 아십니까?

오이디푸스 무슨 소리요? 그게 왜 아무 일도 아니란 말이오. 내가 그 어버이의 아이로 태어났다면!

사신1 폴리보스는 당신과 뿌리가 같지 않습니다.

오이디푸스 무슨 말을 하는 거요? 폴리보스께서 나를 낳지 않으셨단 말이오?

사신1 저보다 조금도 더는 아닙니다. 꼭 저만큼이라고 할 수 있지요.

오이디푸스 어째서? 아버지는 누구와도 같지 않은데?

사신1 폴리보스께서도 아버지가 아니고, 저도 아버지가 아니니까요.

오이디푸스 그럼 무엇 때문에 그분께선 나를 아들이라 칭했지?

사신1 분명히 아시기 바랍니다. 그분께서는 제 손에서 당신을 선물로 받으셨답니다.

조윤 코린토스의 왕 폴리보스가 죽었다는 소리를 듣고서, 신탁이 틀렸다고 좋아한 게 결국은 헛물켠 게 되어버렸구나!

민석   "폴리보스는 아무 가치도 없는 예언들도 함께 데려가, 하데스 곁에 누워 계시거늘!" 하며 좋아했건만!

일훈   아버지가 돌아가시지 않았다는 소리에 절망해야 하는 오이디푸스가 참 안쓰럽다.

민석   안쓰러워하기는 아직 일러! '연민'이 철철 흘러넘칠 때가 멀지 않았거든.

조윤   그런데 이 사신의 말을 믿을 수 있을까? 거짓말일 수도 있잖아?

일훈   코린토스에 오이디푸스의 어머니가 살아계시니까, 사신이 거짓말을 할 수는 없겠지. 거짓말에 속을 오이디푸스도 아니고.

오이디푸스   다른 손에서 얻은 나를 어떻게 그리 사랑하실 수 있단 말이오?

사신1   그때까지 그분은 자식이 없었지요. 그래서 그토록 사랑의 마음이 생겨났던 겁니다.

오이디푸스   그분께 나를 건넬 때, 당신은 나를 샀소? 아니면 주웠소?

사신1   키타이론산의 숲이 우거진 골짜기에서 주웠습니다.

오이디푸스   당신은 그 곳을 무슨 일로 지나게 되었소?

사신1 그곳 산에 있는 가축을 돌보고 있었습니다.

오이디푸스 그러니까 당신은 양치기였단 말이군. 품팔이를 하기 위해 떠도는 양치기!

사신1 하지만 아들이여! 그때 저는 당신의 구원자였습니다.

오이디푸스 당신이 나를 품에 안았을 때, 내게 어떤 고통스런 일이 있었지?

사신1 당신의 발이 증언할 것입니다.

조윤 사신에게 질문하는 오이디푸스를 쳐다봐봐! 멋지지 않니? 조금도 흐트러지지 않고, 꼭 필요한 질문만 하고 있어.

일훈 질문 내용이 겹치지도 않고, 차근차근 어떤 지점을 향해 가는 게, 마치 예리한 칼로 한 꺼풀 한 꺼풀 벗겨가는 것 같아. 탐정처럼!

민석 사람을 대표하는 합리적 정신의 표상 인물이니까.

조윤 발을 거론하지 않고 단도직입적으로 "내게 어떤 고통스런 일이 있었지?"라고 물었어. 사신이 거짓을 말하는가를 확인하기 위해서!

일훈 오이디푸스 발이 뭔가 달랐나?

민석 일반인과 다른 점이 있었지. 탄생의 비밀을 알려줄 흔적! 옛날엔 사람의 정체성을 확인하는 수단으로 그 사람 몸에

있는 특별한 흔적을 많이 이용했지.

일훈　요즘의 DNA 검사구만.

오이디푸스　오오! 이 오래된 고통을 어째서 당신은 들먹이오?

사신1　제가 당신의 발이 꿰매져 묶인 것을 풀어드렸습니다.

오이디푸스　나는 포대기에 싸여있을 때부터 불길한 치욕을 가져왔었구나!

사신1　그 일로 당신의 이름*이 지어졌답니다.

오이디푸스　신께 맹세코! 어머니가 그랬소? 아버지가 그랬소? 말하시오!

사신1　저는 잘 모릅니다. 제게 당신을 준 자가 알 것입니다.

오이디푸스　나를 직접 찾은 게 아니란 말이오? 나를 다른 사람으로부터 받았다는 거요?

사신1　예! 다른 양치기가 제게 당신을 주었습니다.

오이디푸스　그가 누구요? 내게 말해줄 수 있소?

사신1　사람들은 그가 라이오스의 신하라고들 했습니다.

오이디푸스　과거 이 땅의 주인이었던 분 말이오?

사신1　그렇습니다. 그 사람은 그분의 양치기였습니다.

* '오이디푸스'란 이름은 '부은 발'이라는 뜻이다.

오이디푸스 그는 아직 살아있나요? 만나볼 수 있나요?

사신1 이 나라 사람인 당신들이 더 잘 아시겠지요.

오이디푸스 지금 여기 있는 여러분들 중에서 이 노인이 말하는 양
치기를 아는 사람이 있소? 들녘에서든 이곳에서든 그를 본 사람
어디 없소? 밝히시오. 이제 그것이 밝혀질 때이니!

코로스장 이미 당신께서 만나고 싶어 시골로 사람을 보내 부르셨
던 사람이, 바로 그 사람인 듯합니다. 여기 계신 이오카스테 님께
서 가장 잘 아시겠지요.

오이디푸스 부인, 우리가 심부름꾼을 보내 부른 자를 알고 있소?
그가 그 사람이오?

일훈   이것도 아이러니인가? 코린토스의 사신은 오이디푸스에
       게 행운을 가져간다며 믿고 왔는데, 실제론 오이디푸스에
       게 재앙을 가져온 것 말이야.

민석   그래. 그것도 아이러니지.

조윤   이 작품엔 왜 이렇게 아이러니가 많은 거지?

일훈   인간사가 다 아이러니 아닌가?

무하샘 일훈이 말이 그럴듯하네요. 인간의 지식을 대표하는 오이
       디푸스와 신의 예지 능력이 충돌을 하고 있는 작품이다 보
       니, 사람들이 하는 일은 '아이러니'일 뿐이라는 것을 보여

주려 아이러니를 곳곳에 박아놓았지 싶네요.

일훈 이오카스테가 탄원하며 불러들인 신의 응답이 이런 식으로 오다니, 역시 아이러니야!

조윤 아이러니 맞네. 오이디푸스를 위해 "아폴론이시여! …… 제물을 바치며 탄원하오니, 이 땅을 오염시킨 것으로부터 깨끗케 할 해결책을 우리에게 주소서."라고 했는데, 그 결과가 오이디푸스를 점점 더 나락으로 떨어뜨리는 일이었으니.

민석 이오카스테가 기가 막혔겠지. 사신이 무슨 소리를 하고 있는지를 그녀는 알 테니까!

이오카스테 이 사람이 말한 자가 누구면 어떤가요? 거기에 이끌리지 마세요! 그리고 뭐라 하든, 너무 심각하게 생각하지 마세요.

오이디푸스 어떻게 그럴 수 있겠소. 이런 단서가 나왔는데도 내가 내 혈통을 밝히려 들지 않는다는 건 있을 수 없소.

이오카스테 신들께 맹세코, 안 돼요! 당신의 삶을 조금이라도 아낀다면 찾지 마세요. 나는 이미 충분히 고통스러워요.

오이디푸스 기운 내시오! 내 어머니가 삼대째 노예였다는 게 밝혀지더라도, 당신은 비천한 가문으로 밝혀지지 않을 것이오.

이오카스테 그렇더라도 절 따르세요. 부탁이에요. 더는 파고들지 마세요!

오이디푸스 나는 그럴 수 없소. 더 분명히 알아야겠소.

이오카스테 나는 좋은 마음으로 당신 편에 서서 최선을 말씀드리는 거예요.

오이디푸스 그 '최선'이 아까부터 나를 줄곧 괴롭히고 있소.

이오카스테 오, 불쌍한 분! 자신이 누구인지 영원히 모르기를!

오이디푸스 누가 나를 위해 그 양치기를 데려오겠소? 이 여인은 부유한 뿌리를 즐기도록 내버려두시고.

이오카스테 아아, 불행한 분! 내가 할 수 있는 말은 이 말뿐! 앞으로도 나는 다른 말은 할 수 없으리라.

(이오카스테 집으로 퇴장.)

일훈 어째 공기가 쫙 얼어붙는 듯하다. "오, 불쌍한 분! 자신이 누구인지 영원히 모르기를!" 이 말이 심상치가 않아.

민석 당시 관객들도 그랬을 거야. 아마도 마음속에선 웅성거리며 탄식이 퍼져나가는데, 차마 입 밖으로는 내뱉지 못했을 거야.

조윤 이제 이오카스테는 어째야 하지? 불쌍한 이오카스테!

민석 자식을 버린 죄를 받은 거지.

코로스장 오이디푸스 님, 어째서 당신의 부인께서는 저리 격렬한 고통으로 뛰쳐나가셨을까요? 두렵습니다. 이 고요에서 재앙이 터져 나오지 않을까 하는 마음입니다.

오이디푸스 될 대로 되게 그대로 두시오. 하지만 나는 내 근원을, 그것이 아무리 보잘 게 없더라도 내 눈으로 봐야겠소. 틀림없이 그녀는, 여인들이 그렇듯 자부심을 가졌으니까, 내 미천한 출생을 부끄러워할 것이오. 하지만 나는 스스로를 천운을 타고난 행운의 아들로 여기기에 모욕당하지 않을 것이오. 행운의 여신이 내 어머니이기 때문이오. 그리고 내 형제인 달님이 나를 미천하게도, 또 위대하게도 나를 정해놓았소. 그게 내 태생이니, 내가 다르게는 결코 될 수 없소. 그러니 내가 누구인지 완전히 알아내기 전에는 그만두지 않을 것이오.

일훈   오이디푸스는 아직도 자신을 '천운을 타고난 행운의 아들'
      로 여기네.

조윤   그는 자신을, 라이오스가 신분이 낮은 여인과 관계하여 낳
      은 자식이라고 여기고 있는 것 같아. 그런 경우라면 '천운
      을 타고난 행운의 아들'이라고 할 수도 있지. 관습에 따른
      다면 태어날 수 없는 자였을 테니까.

일훈   어머니와 같이 잠자리를 할 거라는 신탁이 있었잖아? 오이
      디푸스는 정말 아버지를 죽일 운명보다 더한 것을 생각할
      수는 없었을까?

민석   생각했겠지. "내가 누구인지 완전히 알아내기 전에는 그만
      두지 않을 것이오"란 말 속에 오이디푸스의 진정한 마음이
      들어 있다고 생각해.

조윤   "천운을 타고난 행운의 아들"이라는 말은 반어라고 봐야겠
      구나! 이렇게 말하는 오이디푸스가 정말 안타까울 정도로
      비참하게 느껴진다.

일훈   '내가 누구인지 아는 게' 그렇게 중요하나? 여기서 딱 그칠
      수 있건만, 오이디푸스는 그러지 않는구나!

조윤   무엇보다 중요한 일이지! 나락의 구렁텅이로 떨어질 줄 알
      면서도, '자신이 누구인지 알기' 위해 온 몸을 굴려 한 뼘 한
      뼘 나아가는 오이디푸스를 보고 있으면, 이제는 숭고함마

저 느껴진다.

민석   아폴론을 모시던 델포이 신전에 "네 자신을 알라"란 말이 써져 있었다고 하던데, 오이디푸스가 그걸 실천하고 있는 거지.

일훈   정말로? 그거 소크라테스가 한 말 아냐?

민석   델포이 신전에 쓰여 있던 말인데, 그것을 소크라테스가 적극적으로 활용해 자기 철학을 펼치고, 그 말에 따르는 삶을 살았던 거지.

일훈   아폴론이 오이디푸스를 이 지경으로 만든 거 아냐?

민석   그건 아니지. 아폴론은 단지 미래를 미리 보고서 예언했을 뿐, 오이디푸스로 하여금 그렇게 하도록 만든 것은 아니니까.

조윤   "네 자신을 알라"라는 아폴론의 말을 가장 충실히 수행하고 있는 오이디푸스라니! 아이러니다.

코로스(좌) 내가 예언의 능력이 있고 생각이 지혜를 갖추고 있다면, 오, 키타이론이여! 올림포스에 맹세코, 그대는 내일 보름달에는 반드시 알게 될 것이오. 오이디푸스 님께서 그대를 동향인이자, 유모이자 어머니로 높인 것을! 그리고 우리는 춤추고 노래하며 그대를 기린다는 것을! 그대가 우리의 통치자에게 큰 호의를 베풀었기 때문이라오. 우리가 기도하는 아폴론이시여, 이것이 마음에 드시길!

코로스(우) 아이여, 누가 그대를 낳았는가? 오래 사는 요정들인가?
누군가가 산을 배회하는 판신(위는 사람, 아래는 염소 꼴인 자.)에게 접
근해 낳았는가? 아니면 록시아스의 여인 중 하나가 그대를 낳았는
가? 록시아스는 꼴을 키워 먹이는 고원을 사랑하니까. 아니면 퀼
레네의 지배자(헤르메스를 가리킨다.)인가? 그도 아니면, 높은 산꼭대
기에서 사는 박코스신께서 그대를 선물로 받으셨는가? 그가 가장
잘 어울려 노는 헬리콘산의 요정에게서 그대를 받았는가?

2장

이루어질 수밖에 없었구나

오이디푸스, 코로스, 사신1, 하인

오이디푸스 원로들이여! 그와 대면한 적은 없지만, 추측하건대, 우리가 오래 찾은 그 양치기가 보이는 것 같소. 그가 이 사신만큼 나이가 든 것 같고, 그를 이끌고 오는 자들은 내 하인들이니 말이오. 그러나 당신들의 지식으로 날 도와주시오. 당신들은 이미 그 양치기를 본 적이 있을 테니 말이오.

코로스 저 자를 잘 압니다. 분명 그 사람입니다. 라이오스께 충성스러웠던 하인이었고, 믿을 만한 양치기입니다.

오이디푸스 코린토스의 이방인이여! 당신에게 먼저 묻겠소. 이 사람을 말한 것이었나요?

사신1 당신께서 보시는 자가 바로 그 사람입니다.

오이디푸스 노인이여! 여길 보고 내가 묻는 것에 답해주게. 당신은 전에 라이오스의 하인이었나?

하인 그분의 하인이었습니다. 하지만 팔려온 노예가 아니라 그 집에서 길러졌습니다.

오이디푸스 어떤 일을, 아니 어떤 가축을 돌봤는가?

하인 평생 가축 떼를 돌보았습니다.

오이디푸스 어디에서 주로 살았나?

하인 키타이론과 그 주변이었습니다.

오이디푸스 그렇다면 이 남자를 어디에서 보았는지 알고 있는가?

하인 그가 무엇을 했는지 보았냐는 겁니까? 대체 누구를 말하시는 겁니까?

오이디푸스 여기 있는 이 사람 말이네. 그와 함께 어떤 일을 한 적이 있는가?

하인 바로 생각나지 않아, 뭐라 말씀드리기 힘드네요.

사신1 놀랄 일은 아닙니다. 주군이시여! 그러나 저는 기억합니다. 그가 낯설어하니, 제가 그로 하여금 기억하게 하지요. 그도 우리가 키타이론산에 머무를 때를 잘 기억할 것입니다. 그가 두 무리의 가축 떼를, 제가 한 무리의 가축 떼를 쳤는데, 함께 봄부터 가을까지 반년씩 삼 년 동안 보냈습니다. 겨울이 되면 저는 제 가축 떼를 제 외양간에, 그는 라이오스의 외양간에 몰아넣었지요. 내가 진실을 말하오, 아니면 없던 일을 지어서 말하는 거요?

하인 당신은 진실을 말하고 있소. 오래된 일이기는 하지만.

사신1 자, 그럼 말해주시오. 그때 당신이, 내가 돌보고 기르도록 한 아이를 주었던 일을 기억하지요?

하인 무슨 말을 하는 거요? 무엇 때문에 그런 얘기를 하는 거요?

사신1 오, 친구여! 그때 어렸던 그 아이가 바로 저 분이라네.

하인 땅속으로 꺼져 버려라! 그 주둥이 다물지 못하겠나?

오이디푸스 오, 노인장! 그를 책망하지 마시오. 당신의 말이 그의 말보다 더 많은 책망을 받아야 할 듯싶소.

하인 가장 훌륭한 주군이시여! 제가 무엇을 잘못했나요?

오이디푸스 이 사람이 묻고 있는 아이에 대해 말하지 않았네.

하인 그는 생각 없이 허튼 소리를 지껄이고 있습니다.

오이디푸스 좋게 말할 때 말하지 않으면, 울면서 말할 것이네.

하인 신들께 맹세코, 아닙니다. 이 늙은이를 학대하지 마소서.

오이디푸스 저자의 손을 어서 묶지 못하겠나!

하인 불행한 분! 어째서, 무엇을 알려고 하십니까?

오이디푸스 이 사람에게 그 아이를 주었나?

하인 주었습니다. 그날 내가 죽어버렸더라면!

오이디푸스 이실직고하지 않으면 그렇게 될 것이다.

하인 하지만, 말씀드리면 저는 더 확실히 파멸하고 말 것입니다.

오이디푸스 보아하니, 이 자는 시간을 끌려고 하는구나!

하인 아닙니다. 제가 건네주었다고 이미 말씀드렸잖습니까?

오이디푸스 어디에서 받았나? 네 아이였나, 다른 사람의 아이였나?

하인 제 아이가 아니라, 누군가로부터 받았사옵니다.

오이디푸스 이 백성들 중 누구에게서, 어느 집에서 받았나?

하인 신들께 맹세코, 더 이상 묻지 마십시오. 주인님!

오이디푸스 다시 묻게 하면 넌 죽는다.

하인 그러시다면 …… 라이오스 님의 집에서 났습니다.

오이디푸스 하인이 낳았나? 아니면 그분의 혈족인가?

하인 오오! 그 끔찍한 일을 스스로 말해야 하는구나.

오이디푸스 나도 듣기 무서운 진실 앞에 이르렀다. 그럼에도 들어야 한다.

하인 그분의 아들이라고들 했습니다. 안에 계신 주인님의 부인께서 가장 잘 설명드릴 것입니다.

오이디푸스 그녀가 그대에게 주었나?

하인 네, 왕이시여.

오이디푸스 어찌하라고?

하인 저더러 그 아이를 죽이라고 했습니다요.

오이디푸스 제가 낳은 자식을 어찌 그럴 수 있단 말인가?

하인 사악한 예언이 두려워서였습니다.

오이디푸스 어떤 예언이었는가?

하인 그 아이가 부모를 죽일 것이라는 예언이었사옵니다.

오이디푸스 그대는 어째서 아이를 이 노인에게 넘겼는가?

하인 오, 주인님! 가엾어서 그랬습니다. 저는 타국에서 온 이 자와 함께 타국으로 보낼 수 있으리라 생각했습니다. 그런데 그는 가장 끔찍한 고통을 겪도록 당신을 구했습니다. 이 자가 말하는 아이가 주인님이라면 주인님께선 불행하게 태어나셨습니다.

오이디푸스 오오, 오오! 모든 게 이루어질 수밖에 없었구나, 분명히! 오, 빛이여! 너를 마지막으로 보는구나! 태어나지 말아야 했던 사람으로부터 태어났고, 함께 살지 말아야 했던 사람과 함께 살았고, 죽여서는 안 되는 사람을 죽였구나!

(퇴장.)

코로스(좌1) 오오! 그대, 필멸의 종족 인간들이여! 나는 너희 생명들을 그림자 같이 헤아리는도다! 겉보기에 행복하다가도, 금세 기울어 사라져버리는 것 이상의 행운을 얻은 인간이 그 누구란 말인가? 오, 불쌍한 오이디푸스여! 당신의 본보기와 당신의 운명을 보았으니, 내 필멸의 인간 중 누구도 행복하다고 찬양하지 않으리라!

코로스(우1) 당신은 남들보다 빼어난 솜씨로 쏘아 맞히고, 빠질 것

없이 행복한 영화를 누렸지요. — 오, 제우스시여! — 그리고 굽은 발톱을 가진 예언하는 처녀(스핑크스)를 죽여, 우리 땅을 위해 죽음을 막아주는 탑으로 일어섰지요. 그때부터 당신은 나의 왕이라 불리며, 드넓은 테바이를 통치하셨고, 최고의 존경을 한 몸에 받았습니다.

코로스(좌2) 허나 이제 당신보다 더 비참한 자 그 누구이리요! 고통과 사나운 인생의 부침 속에 있는, 당신보다 더한 재앙 속에 있는 자 그 누구이리요! 오오! 명성 높은 오이디푸스여! 한 항구가 거대하게 넓어, 아들이자 아이들의 아버지인 신랑을 빠뜨릴 정도로 컸구나. 도대체 어떻게, 어떻게 아버지가 씨 뿌린 밭고랑이, 불쌍한 분 당신을 받아들여 침묵 속에 견딜 수 있었는가?

코로스(우2) 모든 것을 보는 시간은 원치 않게 당신을 발견했네. 낳은 자와 태어난 자가 하나인 결혼 아닌 결혼을 저주로 심판하네. 오오! 라이오스의 아들이여! 내가 당신을, 당신을 보지 않았더라면! 나는 비탄하고 입으로 만가를 뱉어내네. 그러나 사실을 말하자면, 당신으로 인해 나는 숨을 쉴 수 있게 되었고 눈도 잠재웠네.

일훈 아무리 발버둥치더라도 '운명'에서 한 발자국도 벗어날 수 없다니, 이건 공포 그 자체다. 운명이란 게 정말 있는 걸까?

조윤 있다 하더라도 누가 그것을 결정하는데? 이 작품에서도 아폴론이 오이디푸스의 운명을 결정한 게 아니잖아? 단지 그에게 앞으로 닥칠 일을 미리 말했을 뿐이지.

 민석 　오이디푸스는 분명히 아폴론이 이 일을 이루어냈다고 말했어. "여기 내 고통을, 이런 불행을 이루신 분은 아폴론, 아폴론이었소!"

일훈 　"오오, 오오! 모든 게 이루어질 수밖에 없었구나, 분명히!"라고도 말했지.

조윤 　오이디푸스가 당한 것도 끔찍하지만, 그보다 나는 '내 삶이 나를 벗어나 있다'는 게 더 끔찍하다. 당시 그리스인들은 어째서 이렇게 끔찍한 운명론을 가지게 되었지?

민석 　이 한 작품을 가지고 당시 그리스인들이 전반적으로 '철저한 운명론'을 믿었다고 생각하는 건 성급하다고 생각해. 일반적으로는 아니라 하더라도, 엄청난 것이 내 능력·성격·행동과 무관하게 나에게 덮쳐올 때가 있잖아? 그걸 말하고 싶었던 게 아닐까?

일훈 　우연하게 교통사고를 당하고, 아파트 밑을 지나다가 우연히 떨어지는 물건에 맞아 죽는다든가 하는 일이 일어나기도 하지. 그럴 땐 운명을 생각하지 않을 수 없을 것 같아.

민석 　문제는 아폴론이 그것을 예언하고 있다는 거야. 우연히 일어난 일이 아니잖아?

조윤 아폴론은 미래를 내다보는 눈을 가진 존재니까. 타임머신을 타고 가서 미래의 어느 지점을 보는 존재라면 미래를 보는 것도 가능하지 않을까?

민석 모든 게 결정되어 있어야 그것을 볼 수 있어. 이 말이 맞는다면 '이미 일어난 미래'란 소리가 돼. 이게 말이 된다고 생각하니? 일어나지 않은 일을 볼 수는 없어. 우연히 일어난 일이든, 필연적으로 일어난 일이든! 미래를 본다는 건 '미래는 과거'란 말을 하고 있는 셈이야.

일훈 "미래는 과거다!" 멋진 말인데?

민석 비유적인 표현으로서는 멋진 말인 게 틀림없어. 하지만 논리적인 표현이라면, 그 말은 언어도단이야.

일훈 한 사람의 삶이 완벽하게 결정되어 있지는 않더라도, 어느 정도는 결정되어 있다고 생각해.

조윤 어떤 시대, 어떤 환경, 어떤 집안에서 태어났는가에 따라 그의 운명도 상당히 정해진다고 할 수 있긴 하지.

민석 그건 한 사람의 운명이라기보다는, 사람들 각자가 살아갈 수 있는 삶의 폭이 정해진다고 해야 하지 않을까?

조윤 어떤 제도 속에 사느냐에 따라 그 사람의 인품과 성향도 어느 정도는 정해진다고 할 수 있지. 물론 완전히 결정된 것은 아니고. 민주적인 사회에서 사는 사람, 독재체제에서 사

는 사람, 자본주의가 팽배한 사회에서 사는 사람, 사회민주
주의가 힘을 쓰고 있는 곳에서 사는 사람 들의 평균적인 성
향이 같을 수는 없는 거니까.

일훈　요즘은 의학이 발달해서 어떤 사람의 DNA를 조사하면, 그
사람이 몇 살 즈음에 어떤 병에 걸릴 확률이 어느 정도인지
알 수 있다고 들었어. 사람의 병 또한 어느 정도는 이미 결
정되어 있다고 할 수 있지 않을까?

민석　그 병에 안 걸릴 가능성은 있는 거잖아? 그렇다면 결정되
어 있는 거라곤 할 수 없어.

조윤　그렇다고 결정되어 있지 않은 것도 아니라고 나는 생각해.
그 사람이 가령 마흔 살 즈음에 고혈압이 올 확률이 70퍼
센트라면, 확고하게 결정된 것은 아니지만 상당한 정도는
결정되어 있는 거잖아?

일훈　운동과 식생활 개선 등을 통해 고혈압이 안 오게 할 수도
있지.

민석　'자유의지'가 가능하다는 거지!

 조윤　원하는 것을 100퍼센트 이루었을 때만 자유의지가 있다고
해야 할까? 아니, 100퍼센트를 이룬다는 말 자체가 가능한
걸까? 건강하다고 해서 100퍼센트 완벽한 몸인 것도 아니
고, 병자라고 해서 100퍼센트 병이 든 것도 아니잖아? 우리

의 말은 대체로 1~99퍼센트 사이 어디쯤에 있는 게 아닐까?

민석　대체로는 그렇지만, 그렇지 않은 것도 있어. 돌멩이가 말을 배울 수 있는 확률은 0퍼센트니까.

조윤　그건 맞지만, 사람이 말을 배울 수 있는 확률이 100퍼센트인 것은 아니지.

 무하샘　철학에서 이런 경우를 '잠재태'와 '현실태'란 개념으로 설명하죠. 어떤 것을 잠재적으로 이룰 수 없다면, 그 경우엔 그것을 절대 1퍼센트도 현실화할 수 없어요. 잠재적으로 가능한 상태에서만 현실화가 가능한데, 가능한 것 중에서 몇 퍼센트를 현실화하는가는 여러 상황에 달렸다는 거죠. 이론상으로는 0~100퍼센트 사이 어디쯤에서 현실화를 이루겠고, 확률 분포 곡선을 그려볼 수도 있겠죠.

조윤　100퍼센트 확고하게 되어 있는 것만을 결정되어 있다고 한다거나, 100퍼센트 마음대로 할 수 있을 때만 자유의지가 있다고 한다면, 세상에서 그런 것을 찾기는 힘들 것 같아. 설사 그런 것을 찾는다 하더라도 무슨 의미가 있을까 싶고. '돌멩이가 말을 배울 수 없다는 것은 결정되어 있다'는 언명이 무슨 의미가 있겠니?

일훈　나도 조윤이 말에 동감!

민석　듣고보니 그런 것 같다. 그렇다면 자유의지가 있느냐 없느냐가 아니라, 얼마만큼 자유의지가 가능한가?라는 방식으로 묻고 답이 되어야 하는 게 아닐까? 결정되어 있다는 것도 마찬가지고.

일훈   전에도 민석이가 묻는 방식을 바꿔서, 안 풀리던 문제를 푼 경우가 있었지? 이번에도 우리 논의에 빛이 비치는 것 같다.

민석   어떤 것에 있어서, '자유의지가 작동할 수 있는' 정도와 '결정되어 있는' 정도가 1~99퍼센트라면, '자유의지'와 '필연성'은 별개가 아니라 한 몸에 섞여 있다고 해야 할 것 같다. 따로 떼어낼 수가 없는 거지. 자석의 N극과 S극처럼!

일훈   손바닥과 손등처럼 서로 반대이지만 떨어져서는 존재할 수 없는 사이, '자유의지'와 '필연성'도 그렇다는 거지?

조윤   그래. 그 두 명제가 따로 떨어져 별개로 있는 경우는 '사람 사는 이 세상에서는' 찾기가 쉽지 않을 것 같긴 하다.

민석   그렇다면, '자유의지'와 '필연성'은 서로를 배척하는 모순이 아니라는 말이 되고.

일훈   결국 인간에게 자유의지가 있다는 거네.

조윤   결정이 되어 있기도 하고.

민석   하지만 그런 결론은 '사람 사는 이 세상에서는'이라는 단서 속에서 성립하는 게 아닌가 싶다. 감각적인 세계 너머에서도, 그 두 명제가 따로 존립할 수 없는지에 대해선 더 생각이 필요할 것 같아.

무하쌤   쌤도 민석이의 말에 마음이 기울기는 하지만, 논의가 잘 이루어졌다는 것에 박수를 보냅니다. 논의를 통해 한 점 매듭도 없이 완전히 풀리면 좋겠지만, 그러지 않았다고 해서 논의가 무의미했다고 말할 수는 없을 거예요. 풀리지 않은 매듭이 어떤 식으로 묶여 있는가를 확인한 것만으로도 큰 수확이니까요. 어쩌면 그보다 더 큰 수확은 묶인 매듭이 있다는 것을 확인하고, 그것을 풀기 위해 이리저리 뒤적이며 매듭을 풀 궁리를 한 것일 수도 있다고 생각해요.

조윤   그렇다면 지금까지의 관점으로는 일단락 짓고, 다른 관점에서 살펴보는 게 어때?

일훈   어떤 관점으로?

조윤   지금껏 우리는 사람의 관점으로 '운명'과 '예언'을 살펴봤어. 이번엔 신의 관점으로 그것을 살펴보자는 거지.

일훈   신의 관점?

조윤   응. 그리스 신들이 인간과 다른 게 뭐지? 죽지 않는다는 거지? 이 점을 염두하고서 좀 들어가보자.

민석   신들은 죽음이 없는 것만이 아니라 늙음도 없어.

조윤   그 말 들으니 생각난다. 인간에겐 죽음뿐만이 아니라 늙음도 있다는 걸 잊어버린 통에, 비참한 신세가 되어 지금도 울고 있는 사람 아닌 사람, 티토노스 말이야!

일훈 지금도 울고 있다고? 그리고 사람 아닌 사람은 또 뭐고?

조윤 귀뚜라미 소리가 그거야. 트로이의 왕자가 있었는데, 신도 반할 정도로 잘생겼어. 새벽의 여신인 에오스가 그의 아름다움에 옴팡 빠졌지. 에오스는 제우스를 졸라댔어. 티토노스에게 영원한 생명을 주라는 거였지. 하도 졸라대니까, 제우스는 자신이 바람필 때 에오스의 도움으로 헤라에게 안 들켰던 빚도 있고 하여 에오스의 소원을 들어주었지.

민석 아뿔싸! 에오스 여신은 아름다운 티토노스 얼굴에 푹 빠져 잊지 말아야 할 것을 까맣게 잊어버린 채, 티토노스의 지금 얼굴만 쳐다보고서 기쁨에 젖어 들 수 있었어. 에오스는 티토노스를 신들이 사는 곳으로 데려와 그와 뒹굴며 즐겼지. 그와의 사이에서 아이도 낳았어. 그런데 티토노스의 얼굴이 점점 바뀌는 거야. 영원한 젊음의 표상이었던 티토노스의 얼굴에 주름이 올라오더니만, 급기야는 그의 얼굴이 늘어진 가죽처럼 되어버렸어. 이런 얼굴을 좋아할 에오스가 아니지. 결국 이를 보다 못한 에오스는 티토노스를 골방에 가둬버렸지. 하지만 티토노스는 에오스를 잊을 수 없어, 계속 '에오스~ 에오스~' 하며 그녀의 이름을 불러댔대. 어찌나 '에오스~ 에오스~' 해댔던지 그만 귀뚜라미로 변하게

되었다는 거야.[*]

조윤   신들이 늙지 않는다는 것은, 신들에겐 시간이 없다는 거라고 할 수 있어. 그래서 신들은 늘 그대로이지. 변화가 없어. 시간이 없다면 과거니 현재니 미래니 하는 말이 무슨 의미가 있겠어. 시간이 없는데! 시간이 없으니 미래에 대한 예언이란 말도 성립하지 않아. 투시력을 가진 신이라면 미래의 어느 시점이나 과거의 어느 시점을 보는 것이 아니라, 그저 전체를 볼 뿐이지.

민석   신은 시간 밖에서 살아가지만, 인간은 시간 안에서 살아가잖아? 시간 밖에서 시간 안을 들여다볼 수 있는 능력이 있다면, 시간 속에 있는 모든 것이 환히 보일까?

일훈   시간을 벗어날 수 없는 우리 인간이 어떻게 시간 밖의 관점을 가질 수 있겠니?

민석   잠깐! 수학을 잘 들여다보면 보일지도 몰라. 수학은 시간 밖에 있거든. 물리야 시간이 중요한 변수이지만, 수학은 시간을 고려할 필요가 없잖아? 수학의 눈으로 이 세상을 본다면, 과거도 없고 미래도 없으니까, 영원한 현재라고 해야 하나?

---

[*]   나중에 그를 찾아온 에오스가 그를 귀뚜라미로 만들어주었다는 설도 있다. 귀뚜라미가 아니라 매미로 되었다는 설도 있다.

조윤   '영원한 현재'도 좋지만, 그냥 '있음'이라고 해야 하지 않을
      까? '현재'도 시간이 들어간 개념이니까.

민석   수학은 영원히 '현재'에 있다고 할 수도 있어. 그런데 생명
      이 없어. 신은 생명도 있고 감정도 있는데! 특정한 감정을
      갖는다는 것은 그렇게 변화했다는 거야. 변화했다는 것은
      시간 속에 있었다는 것이고. '변화하지 않는 생명'이라~

일훈   '변화하지 않는 생명'이라고? 그게 어떻게 가능하지?

조윤   그리스인들이 가졌던 신에 대한 생각이 뭔가 앞뒤가 안 맞
      는다는 생각이 든다.

 무하샘   지금 다루는 주제에서 너무 나간 듯하지만, 그리스 신화에
      서 말하는 신관神觀에서 플라톤이 주장하는 신으로의 전환
      에 대해서 말을 좀 할게요. 플라톤은 호메로스나 비극 시인
      들이 알려준 신에 대한 생각이 잘못되었다고 여겼어요. 그
      는 우선 이렇게 말했죠.

      "신들이 신들끼리 전쟁을 일으키고, 서로들 음모를 꾸미며, 싸
      움질을 하는 것으로 ― 이 또한 사실이 아니므로 ― 이야기해서
      도 결코 아니 되네. 장차 우리의 이 나라를 수호하게 될 사람들이
      경솔하게 서로 증오하게 되는 것을 제일 부끄러운 일로 정녕 민
      게끔 되어야만 한다면 말일세." (박종현,《국가·政體》, 169쪽, 378c)

민석   너무도 인간적인 감정에 지배되는 존재를 신이라고 볼 수는 없다는 게 플라톤의 주장이군요?

무하샘 맞아요. 대신에 플라톤은 신들에게는 '선善'과 관련된 것 외에는 인간적인 감정은 조금도 들어 있지 않다고 봤어요. 신은 '선 그 자체'이자, '선의 원인'일 뿐이라는 거죠.

누군가가 신과 관련된 이야기를 지을 경우에는, 그가 서사시(epe)로 짓든 서정시(mele) 또는 비극시(tragodia)로 짓든 간에, 언제나 신을 신 그대로 묘사해야만 된다는 것일 것 같으이. …… 그러면 적어도 신은 참으로 선하므로(좋으므로) 그렇게 이야기해야 하겠지? …… 그러니까 '좋은 것'(훌륭한 것, 선한 것: to agathon)은 말하자면 모든 것의 원인인 것이 아니라, 훌륭한 상태에 있는 것들의 원인이고, 나쁜 것들의 원인은 아니라네. (박종현, 《국가·政體》, 171쪽, 379a)

조윤   "신을 신 그대로 묘사해야"한다고 한 것은 호메로스나 비극 시인들이 신을 잘못 묘사했다는 건가요?

무하샘 옙! 그런데 신이 '선 그 자체'이자, '선의 원인'일 뿐이려면 신은 변하지 않아야 하고, 변하지 않으려면 단순해야 하겠죠? 그래서 플라톤은 이렇게 말했어요.

신은 단순하며, 그 무엇보다도 자신의 본모습(idea)에서 벗어나지 않는 것으로 자넨 생각하는가? (박종현,《국가·政體》, 175쪽, 380d)

그러므로 신이 자신을 바꾸려 든다는 것은 있을 수 없는 일일세. 오히려 각각의 신은 저마다 가능한 한에 있어서 최대한으로 아름다우며 훌륭하여서, 언제나 단순하게 자신의 모습으로 남아 있을 것 같으이. (박종현,《국가·政體》, 177쪽, 381c)

민석 "최대한으로 아름다우며 훌륭하여서, 언제나 단순하게 자신의 모습으로 남아 있는" 신은 확실히 그리스 신화에서 알려주는 신들과는 다르다는 생각이 든다.

조윤 이런 신이라면 '변화하지 않는 생명'을 가진 존재라고 할 수 있는 거 아니야? 앞에서 우리가 그런 건 없을 것 같다고 했던 것 말이야.

일훈 '변화하지 않는 생명'이라는 게 아직도 잘 이해가 안 되지만, 그런 게 있을 수도 있겠단 생각이 드네.

민석 신은 변화하지 않는 자기 정체성을 갖고 있기에, 티토노스가 겪어야만 하는 '늙어감'을 염두에 두지 못한 실수를 저지른 거지.

조윤 인간에게서 운명이 문제되는 것도 변화 때문이라고 할 수 있겠다. 이 세상에서 가장 훤칠하게 우뚝 솟아 있던 오이디푸스가, 이처럼 비참하게 나락으로 떨어질 거라고 누가 생각이나 했겠니?

일훈 신과는 달리 인간은 변화 속에 있기에 운명이 문제된다는 소리, 그거 말 된다.

민석 변화를 의식할 수 있는 존재만이 운명을 이야기할 수도 있어.

일훈 변화 속에 있다고 해서 반드시 그 사람의 운명이 결정되어 있는 것은 아니잖아?

조윤 그렇지. 다만 변화할 가능성이 있을 때만 '운명의 노리개'니 뭐니 하는 소리도 가능하다는 거지.

민석 오이디푸스에게서 우리는 그 극단을 본 것이고.

조윤 불쌍한 우리의 오이디푸스!

일훈 운명의 극단적인 장난 속에서도 인간의 위엄을 잃지 않고 그것과 맞닥뜨린 오이디푸스이기도 했잖아?

민석 아직 이 작품이 끝나지 않았어. 다시 불쌍하고 위대한 우리 오이디푸스가 어떻게 현실화된 자기의 운명에 대처하는지 보도록 하자.

5막

1장

눈을 찔렀습니다

사신2, 코로스

사신2 오, 이 땅에서 언제나 가장 존경받는 분들이여. 여러분께서 한 종족으로 여겨 아직도 랍다코스(라이오스와 오이디푸스의 조상)의 집안에 걱정을 베푼다면, 어떤 일을 듣고 보고, 어떤 비탄을 내뱉을 것인가? 생각건대 이스트로스(도나우강)나 파시스(흑해로 들어오는 강)조차 이 가문을 정화하지 못할 것입니다. 이 집은 그만큼 많은 것을 감추고 있고, 의도했든 의도하지 않았든, 숨긴 불행들은 곧 빛에 드러날 것입니다. 불행은 스스로 선택한 자해였다는 게 드러날 때 가장 고통스럽지요.

코로스장 무엇이 더 남아 있단 말인가? 우리가 아는 것만으로도 탄식조차 못하겠거늘, 무엇을 더 알고 있는가?

사신2 말하고 듣기에 가장 간단한 말로 하자면, 아름다운 이오카스테께서 돌아가셨습니다.

코로스장 불행한 분! 대체 어떻게?

사신2 그분께선 자결하셨습니다. 하지만 여러분께서는 그걸 보지 않으셨으니, 가장 참담한 일에선 멀찌감치 떨어져 있던 셈이지요. 그래서 생각나는 대로 그분의 고통을 알려드리겠습니다. 그분은 미친 듯 안마당으로 뛰어 들어오셔서, 신부 침대로 달려가 손으로 머리카락을 뜯으셨습니다. 방문을 잠그시고서는, 죽은 지 오래인 라이오스를 부르시며, 오래 전 낳은 그 아이를 생각하셨습니다. 그 씨앗 때문에 라이오스께서는 돌아가시고, 어머니는 남겨져 아들과 함께 불행한 자식을 낳았지요. 불행한 여인은 남편으로부터 남편을, 자식으로부터 자식을 낳았던 침대, 이중의 결혼을 저주하셨습니다. 하지만 그분께서 어떻게 돌아가셨는지는 모릅니다. 오이디푸스께서 소리지르며 뛰어들어와 우리의 시선을 돌렸기 때문입니다. 우리는 그분이 어쩔 줄 몰라 하는 것을 보았습니다. 그분은 왔다 갔다 하면서, 우리에게 창을 건네라고 하셨습니다. 그분은 자신의 부인이자 부인이 아닌, 자신의 어머니이자 자신의 자식들의 밭을 찾으셨습니다. 실성한 그분께, 신들 중 한 분이 가르쳐주었습니다. 그곳에 있던 우리들은 누구도 가르쳐주지 않았으니까요. 그분은 누군가의 인도를 받은 양, 문으로 돌진해 이중의 문을 차서, 자물쇠를 뜯어내어 방 안으로 뛰어드셨습니다. 그곳에서 우리는 목을 매단 부인을 보았습니다. 그녀는 밧줄에 꼬여 있었습니다. 그분께서 그녀를 보시곤, 울부짖으며 매달린 줄을 푸시고는 불쌍한 그녀를 바닥에 누이셨습니다. 그때 끔찍한 광경이 펼쳐졌습니다. 그분은 부인의 옷에 장식되어 있던 금색 브로치를 뜯어내어 핀을 열고, 그것으로 자신의 밝은 두 눈을 찔렀습니다. 그러고는 말씀하셨지요. "이 눈들은, 내가 저지른 것이든 당한 것이든 악행을 보지 말지어다! 너희들은 보지 말아야 할 것들을 보고, 알아보아야 할 것들은 알아보지 못했으니, 앞으로는 어둠 속에 있으리라!" 그렇게 저주하며 자신의 눈을 여러 번 계속 찔렀습니다. 피에 물든 눈알은 수염을 물들였습니다. 암살당할 때처럼 방울방울 흐르지 않고 검게 우박비처럼 쏟아졌습니다. 이런 것이 두 눈에서 터져 나왔습니다. 그분들이 지난날에 누린 유복함은, 이전에는 진정 유복함이었습니다. 하지만 지금, 오늘엔, 한숨, 방황, 죽음, 치욕일 뿐이고, 불행한 것들 중 빠진 게 하나도 없을 정도입니다.

코로스장 불쌍하신 분께선 불행 속에서 조금 진정되었나?

사신2 그분께선 빗장을 열라고 소리치고 계십니다. 아버지를 살해하고, 말해서는 안 되는 불경한 짓을 어머니와 한 자를 모든 카드모스인들이 알도록 하라고요. 그분은 저주받은 자신에 의해 집도 저주받는 일이 있어서는 안 된다며, 스스로를 땅에서 추방하라고

하셨습니다. 하지만 그분에게는 그럴 힘도 없고, 또 그분을 이끄는
사람이 필요합니다. 그분이 겪고 있는 질병은 견디기에는 너무나
크기 때문이지요. 저기를 보세요. 그분이 보이는군요. 문의 빗장이
열리고 있어요. 적대자조차 연민을 가질 정도로 끔찍한 광경을 여
러분은 볼 것입니다.

(오이디푸스가 아이의 인도를 받으며 집에서 나옴.)

민석   사람은 자유의지로 할 수 있는 게 정말 아무것도 없는 것
       일까?

조윤   모든 일에서야 그런 것은 아니겠지만, 신 앞에 섰을 때는
       그렇다는 소리를 하고 싶었던가 봐.

일훈   도대체 오이디푸스는 뭘 그렇게나 잘못했기에 이런 비참
       한 지경으로 추락해야 했던 거지?

민석   많은 사람들이 비극에 처하는 인물들에게는 그만한 성격
       적 결함이 있어서 비극에 처해진다고 생각하는 것 같아.
       《그리스 비극》에서 임철규 교수님이 이렇게 말했거든.

     인간의 오만과 그에 대한 신의 보복으로서의 파멸이라는 주제
는 그리스 비극, 그중에서도 아이스퀼로스의 비극에 반복적으로
등장하는 근본 주제다. (임철규,《그리스 비극》, 36쪽)

조윤 　쌤! 아이스퀼로스의 어떤 작품에 인간의 오만 때문에 파멸
　　하는 인물이 등장하죠?

 무하샘 　《페르시아인들》에 나오는 페르시아의 왕 크세르크세스가
　　딱 그런 인물이지 싶네요. 그에게선 오만이 잔뜩 묻어나지
　　요. 크세르크세스에게 그의 아버지인 다레이오스가 "무례
　　하기 짝이 없는 오만과 불경스런 생각(808행)"이라며 경고
　　하고, "필멸자의 운명을 지닌 인간은 행동이나 말, 생각에
　　서 지나치게 자신을 높여서는 안 된다(820행)"며 크세르크
　　세스의 전쟁 계획을 막으려 하지만, 그는 끝내 말을 듣지
　　않았어요. 결국 다레이오스의 말은 페르시아와 그 나라의
　　왕인 크세르크세스가 파멸하게 되는 운명을 예언한 셈이
　　되지요.

조윤 　크세르크세스야 그렇다 치고, 오이디푸스에게서도 성격적
　　결함을 찾을 수 있나?

민석 　삼거리에서 시비가 붙어 참지 못하고 사람을 죽인 일이 있
　　잖아? 성질이 너무 급한 것 때문에 살인을 저지르게 되었
　　고, 이것은 그의 성격적인 흠에서 나온 '악의 열매'라 할 수
　　있겠지.

일훈 　그게 결함일까? 저쪽에서 먼저 오이디푸스를 업신여겨 부
　　득이하게 일어난 일이잖아.

조윤   나도 그 행위에서 오이디푸스의 성격적 결함을 찾는 건 문
       제라고 생각해. 상대편이 수도 많았을 뿐더러 그를 짐승 취
       급했잖아? 그렇게 자기 존엄성이 짓밟히는 것을 참을 수
       없어서 오이디푸스는 자기 존엄성을 지키기 위해 싸웠고,
       그러다가 우연히 그렇게 되었을 따름이니까.

민석   크레온을 의심한 건 오이디푸스의 성격적 결함이라고 할
       수 있지 않을까?

일훈   그건 그런 것 같다.

조윤   크레온을 의심한 것을 두고 결과적으로 그의 잘못이라고
       할 수 있지. 틀림없이 그가 잘못했어. 하지만 그것은 범인
       을 색출하려고 추론을 하다 발생한 오류일 뿐이야. 이 정도
       를 두고서 '성격적 결함'이라고 한다면, 그건 너무 가혹하
       다고 생각해. 우리 인간은 완전무결한 존재가 아니야!

일훈   하긴 오이디푸스가 자신의 잘못된 추론을 끝까지 밀고 나
       간 것도 아니니까.

조윤   내 말이! 오히려 그는 크레온을 의심하면서도 다른 사람들
       의 조언을 받아들여 크레온을 놓아줄 정도로 귀가 열려 있
       는 사람이었어.

일훈   그러면서도 그는 자기가 해야 할 일, 즉 범인을 찾는 데에
       열중했지. 범인이 자기라는 게 점점 밝혀지는데도 멈추지

않았고.

조윤　여기에서 오이디푸스의 어떤 성격적 결함을 찾을 수 있단 말인가?

민석　그럼, 오이디푸스에게선 어떤 성격적 결함도 찾아볼 수 없다는 건데……

조윤　그는 오만하지도 않았고, 오히려 지혜로웠으며, 자기 자신까지도 제3자로 대하는 윤리적인 사람이었다고 생각해.

 민석　조윤이 말이 맞는 것 같다. 오이디푸스에게서 성격적 결함을 찾으려 하는 것은, 그리스 비극에 대한 일반적인 관점인, 오만 같은 성격적 결함이 비극적 상황을 만든다는 말을 억지로 꿰어 맞추려는 행동이라는 생각이 든다.

일훈　민석이는 아는 것도 많지만 다른 사람의 의견도 잘 받아들인단 말이야. 훌륭하다!

조윤　나도 인정.

민석　그러지 않을 거면 같이 얘기를 나누는 의미가 없으니까.

무하샘　쌤도 여러분 생각에 동의해요. 여러분과 똑같은 말이지만, 강조하는 의미에서 다시 한번 말해볼게요. 오만이란, "신의 속성을 얻으려 하고, 신과 경쟁하며, 지나친 자만심을 드러내는", "행위나 말, 심지어 그러한 생각"이에요(임철규,《그리스 비극》, 35쪽). 오이디푸스에게선 이런 오만을 발견할 수 없죠. 비록 그 자신은 스핑크스의 수수께끼를 풀 정도로 지혜로운 사람이지만, 그는 결코 자기 지식으로 모든 것을 알 수 있다고 생각한 사람이 아니에요. 나라에 전염병이 왜 도는지 알 수 없어서 아폴론 신전에 사람을 보내 그 이유를 물어 알아오게 하는 사람, 또 신의 말을 대신한다는 테이레시아스에게 사람을 보내 그를 궁으로 불러 묻는 사람이에요. 이런 사람에게서 오만을 찾을 수는 없지요. 이런 오이디푸스가 자신을 신과 같다고 여긴다는 건 애당초 성립하지 않죠. 아폴론의 사자인 테이레시아스에게 화를 냈던 것에서 오이디푸스의 오만을 볼 수도 있겠지만, 곰곰이 따져 보면 그것이 오만함에서 나온 것이라고는 할 수 없어요. 아폴론과 그의 사자를 무시해서가 아니라, 테이레시아스가 밑도 끝도 없이 얼토당토않은 소리를 그냥 툭 던지기에, 이치상 그 말을 도저히 받아들일 수 없어서 화를 낸 거라 하는 게 더 맞지 않나 싶네요. 그런 경우에도 그냥 받아들인다면, 인간의 이성은 장식에 지나지 않게 되겠죠. 차근차근 일을 파헤쳐갔을 때, 파헤쳐진 것들의 자초지종이 오이디푸스 자신이 범인임을 지목한다는 것을 알게 되었지만, 그 운명의 장난을 아무런 변명도 하지 않고 받아들인 사람이 오이디푸스예요. 여기에 무슨 오만이 있을 수 있겠어요? 지혜가 부족했다고는 할 수 있을지언정 오만했다고는 할 수 없지요. 신이 아닌 인간이기에 어쩔 수 없이 처하게 되는 부족함일 뿐이라고 하는 게 정직한 소리겠네요. 여러분이 이미 밝힌 내용을 다시 장황하게 말한 것은, 일반적으로 통용되는 말이나 유명한 사람의 말이라고 해서 무턱대고 받아들여서는 안 된다는 것을 말하고 싶어서예요. 자기의 헤아림을 믿으세요. 물론 믿기 위해선 그 헤아림을 평소에 잘 벼려놔야겠죠?

일훈·민석·조윤 옙!

민석 그런데 쌤! 성격적 결함과 비극성의 관계가 소포클레스 작품엔 해당 사항이 없나요?

 무하쌤 '성격적 결함과 비극성의 관계'는 소포클레스보다는 그리스 3대 비극 작가 중 가장 앞선 시대의 사람인 아이스퀼로스에게 해당한다는 생각이 드네요. 남아 있는 작품만 본다면, 소포클레스의 작품에선 '성격적 결함과 비극성의 관계'가 그다지 드러나지 않아요. 여러분이 말했듯이《오이디푸스왕》에서의 오이디푸스도 그렇고, 소포클레스의 또 다른 봉우리인《안티고네》에서의 안티고네도 마찬가지예요. 안티고네에게서 우리는 그녀가 생각하는 올바른 길을 발견할 수 있을 뿐, 그녀의 성격적 결함은 찾을 수 없어요.《필록테테스》의 필록테테스,《콜로노스의 오이디푸스》의 오이디푸스에게서도 성격적 결함은 잘 찾아지지 않아요. 굳이 소포클레스의 작품에서 '성격적 결함과 비극성의 관계'가 있는 작품을 말한다면,《아이아스》와《트라키스 여인들》이 해당되지 않을까 싶네요.

2장

내 손이었소

코로스, 오이디푸스, 이후 크레온

(애탄가)

코로스 오, 사람이 차마 볼 수 없는 고통이여! 오, 이 끔찍함이여! 불쌍한 분, 어떤 광기가 당신을 덮쳤습니까? 어떤 신적 존재가 인간의 힘을 넘어선 도약으로 당신의 삶을 치명적인 운명으로 이끌었습니까? 아아! 불쌍한 분! 많은 것을 물어보고, 많은 것을 알아보고, 많은 것을 살피고 싶지만, 당신을 보지는 못하겠습니다. 당신은 저를 몸서리치게 만듭니다.

오이디푸스 오오오! 오오오! 나 불쌍한 자여! 나, 가련한 나, 땅 위 어디로 실려가는가? 목소리는 어디로 흩어지는가? 오! 운명이여! 너는 어디로 뛰어갔는가?

코로스 공포스럽고, 듣기에도 보기에도 끔찍한 곳으로요.

오이디푸스 오! 밤 구름이여! 너 공포스럽고, 물결치고, 형언할 수 없고, 통제 불가능하고, 제압할 수 없는 운명의 구름이여! 오오! 저 가시달린 몰이 막대기, 내몰림과 불행의 기억이 나를 일시에 꿰뚫는구나!

코로스 이런 불행 속에선 탄식에 탄식을 더하고, 절규에 절규를 더한다 하더라도 놀랍지 않지요.

오이디푸스 오, 친애하는 이여! 나를 이끈 자여! 그대는 아직 내 곁에 남아 있구나! 지금 나를 견디고 있구나. 맹인을 보살피고 있구나. 아아! 어둠 속에서도 그대의 목소리를 알아들으니, 그대는 내게서 숨겨지지 않는구나.

코로스 오, 끔찍한 일을 한 분이시여! 어찌하여 자기 눈을 더럽히셨습니까? 어떤 신적 존재가 당신을 부추겼습니까?

오이디푸스 오, 친애하는 이들이여! 여기 내 고통을, 이런 불행을 이루신 분은 아폴론, 아폴론이었소! 하지만 내 두 눈을 찌른 손은, 다른 누구의 것도 아닌 내 손이었소. 보아도 즐거운 것이 없는데, 나 고통받는 자가 봐야할 것이 대체 뭐겠소?

민석 오이디푸스가 절규한 말, "여기 내 고통을, 이런 불행을 이루신 분은 아폴론, 아폴론이었소! 하지만 내 두 눈을 찌른

손은, 다른 누구의 것도 아닌 내 손이었소."를 깊게 생각해

볼 필요가 있다는 생각이 든다.

조윤　인간의 한계를 만천하에 공표하는 울부짖음이 아니란 생

각이 든다는 거지?

민석　그래. 그것이 절망적인 소리만은 아닐 수도 있겠다는 생각

이 들거든.

일훈　아니, 왜?

민석　절망적인 소리인 것은 맞지. 하지만 그 말을 하면서 오이디

푸스는 끝끝내 아폴론의 손아귀 밖에 있는 자신을 밝히려

했다는 생각이 들어.

조윤　듣고 보니, "하지만 내 두 눈을 찌른 손은, 다른 누구의 것

도 아닌 내 손이었소."란 말이 달리 느껴진다. 몰락하면서

도 두 눈을 크게 뜨고 있는 모습이라고나 할까…….

일훈　맞아. 손발이 다 묶인 채 칼날을 받으면서도, 끝내 다리를

꺾지 않고 꼿꼿이 선 채로 죽어가는 사람을 보는 것 같아.

안중근이나 윤봉길의 최후 모습도 그랬을 것 같아.

민석　민청학련 사건으로 박정희 독재와 그 앞잡이들에 의해 사

형 구형을 받았던 분의 발언에서도 그것을 확인할 수 있어.

김병곤이라는 분의 발언이 그것인데, 그 자리에서 함께 사

형 구형을 받았던 시인 김지하가 쓴 회고록에 있어. 내가

읽어볼게.

사형이 구형되었다. …… 김병곤이의 최후진술이 시작되었다.
첫마디가 "영광입니다!" 아아, 이게 무슨 말인가? …… 죽인다는
데, 죽는다는데, 목숨이 끝난다는데, 일체의 것이 종말이라는데,
꽃도 바람도 눈매 서글서글한 작은 연인도, 어여쁜 놀 가득히 타
는 저 산마을의 푸르스름한 저녁 연기의 아름다움도, 늙으신 어
머니의 주름살 많은 저 인자한 얼굴 모습도, 흙에 거칠어진 아버
지의 저 마디 굵은 두 손의 훈훈함도, 일체가, 모든 것이 갑자기
자취 없이 사라져 버린다는데, 그런데 '영광입니다.' 성자聖者의
말이다, …… 우리는 드디어 죽음을 이긴 것이다. (김지하,《흰 그
늘의 길 2》, 364쪽)

일훈 죽음 앞에서도 명랑함을 잃지 않는구나!
조윤 죽음을 이기면 신과 인간을 가르는 금줄이 끊어지는 거잖아?
민석 맞아. 김지하 시인도 그 점을 얘기했어. 계속해서 읽어볼게.

죽음을 받아들임으로써 죽음을 이겼고, 죽음을 스스로 선택함
으로써 우리들, 이 집단의 영생을 얻은 것이다. 우리는 우리들 이
집단의 사슬에 묶인 가슴 속에서 비로소 타오르기 시작하는 참

된 삶의 저 휘황한 불꽃을 감격에 차서 바라보고 있었다. 역사적인 순간이었다. 아니, 역사적인 것만이 아니다. 종교적인 천상의 예감이었다. 아니, 종교적인 것만도 아니다. 예술적인 감동의 극치이기도 하였다. 그렇다. 그 순간은 무어라고 차마 이름 붙일 수조차 없는, 모든 인간적인 가치와 모든 고상한 것들이 통일되는 빛나는 절정이었다. (김지하, 《흰 그늘의 길 2》, 365쪽)

일훈 아, 우리에게 오이디푸스보다 더 꼿꼿하고, 더 빛나고, 더 아름다운 분들이 있었구나!

조윤 그런 분들의 고결한 정신 위에 우리와 우리나라는 서 있는 거고.

민석 《오이디푸스왕》과 같은 작품이 형상화한 자유정신 위에도 서 있는 거고.

조윤 맞아. 우리는 세계시민, 즉 사람이니까!

무하샘 여러분들의 생각이 큰 나무를 타고서 쭉쭉 뻗어가니, 아주 좋습니다. 그리스 비극을 운명에 대한 자유정신의 대결로 이해하는 학자들이 많은데, 그런 생각을 잘 갈무리한 글을 따와 읽어드릴게요.

'자유'와 '운명'은 동시에 서로를 요구하면서 부정한다. '자유'

와 '운명', 그중 어느 한 축이 무너지면, '비극'이나 '비극적 주인 공'이 설 자리는 사라진다. 운명과 자유가 부딪치는 긴장의 지대, 그 긴장의 지대에서 허망하게 춤추는, 그 자유의지로 인해 경이 롭고, 그 운명으로 인해 아픈 춤을 추는 이들, 이들이 바로 그리 스 비극의 주인공들이다. (임철규,《그리스 비극》, 77쪽)

 조윤   김수영의 시 〈푸른 하늘을〉이 생각나네요.

　　푸른 하늘을 제압하는
　　노고지리가 자유로웠다고
　　부러워하던
　　어느 시인의 말은 수정되어야 한다.

　　자유를 위해서
　　비상하여 본 일이 있는
　　사람이면 알지
　　노고지리가
　　무엇을 보고
　　노래하는가를,
　　어째서 자유에는

피의 냄새가 섞여 있는가를,

혁명은

왜 고독한 것인가를.

혁명은

왜 고독해야 하는 것인가를.

일훈   자유는 고독이 만들어내는 거구나!

민석   오이디푸스의 고독한 의지가 있었기에, 사람을 신의 한갓
       노리개에서 해방시킨 거지.

 무하샘   그래서 비극을 이끌어가는 힘을 자유의지라고 보는 분들
       도 있어요.

       비극을 추동하는 것은 '운명'이나 신의 의지 같은 '타자'의 의
       지가 아니라 전적으로 주인공의 자유의지라는 주장도 나오고 있
       다. (임철규,《그리스 비극》, 68쪽)

조윤   자, 다시 자유로운 사람 오이디푸스가 자신을 파멸시켜버
       리는 폭풍우를 어떻게 맞이하고 견디는지 보러 가자.

코로스(좌2) 말씀하신 그대로입니다.

오이디푸스 대체 내가 무얼 보고 사랑하겠으며, 어떤 친절한 말을 듣겠소? 친애하는 이들이여! 나를 이곳에서 어서 내쫓으시오. 오, 친애하는 이들이여! 아무 쓸모없는, 저주받은, 그리고 인간들 중 신들께 가장 미움 받는 나를 내쫓으시오.

코로스(좌2) 당신은 당신의 운명과 운명에 대한 지혜 때문에 불행하시군요. 내 당신을 차라리 몰랐더라면!

오이디푸스 짐승이 돌아다니는 황야에서 내 발을 풀고 살인으로부터 구하여 부양한 자는 죽어버리길. 고마울 일이라곤 아예 없었던 그 짓을 한 자! 그때 내가 죽었더라면, 친애하는 이들과 나 스스로에게 이런 근심은 아니었을 텐데.

코로스(우2) 제 생각에도, 그랬으면 좋았을 것입니다.

오이디푸스 그랬다면, 나는 아버지의 살해범이 아니며 나를 태어나게 한 여인의 신랑이 아니었겠지. 부정한 자의 아들이자 동복형제의 아버지인 나는 이제 신들께 버림받았소. 나, 불쌍한 자여. 만약 모든 해악보다 더한 해악이 있다면, 오이디푸스가 그것을 받았소.

코로스(우2) 저는 당신이 잘 생각해 행동했다고 말씀드릴 수는 없습니다. 눈 먼 채 사는 것보다는 죽는 게 나았을 테니까요.

오이디푸스 이 일이 잘못되었다고 가르치거나 조언하지 마시오. 저승에서 어떤 눈으로 아버지, 그리고 불쌍한 어머니를 보아야 할지 모르겠소. 두 분께 교수형으로도 씻지 못할 고통을 안겼으니 말이오. 또 내 아이들처럼 태어난 아이들을 대면하면, 그 모습이 나를 즐겁게 하겠소? 내 눈에는 결코 아니오! 이 도시도, 이 성탑도, 신들의 신성한 조각상도 보고 싶지 않소. 한때는 테바이에서 가장 고귀한 사내였던 내가, 그것들을 내 자신으로부터 빼앗았소. 신들과 라이오스가에 의해 부정한 자로 드러난 그놈을 내쫓으라 명령할 때, 그렇게 나의 저주를 공표했으니 똑바른 눈으로 어떻게 이들을 볼 수 있겠소? 그럴 수 없소. 오히려 귀의 근원에 자물쇠가 있다면, 고통스러운 육신을 잠가, 눈멀고 귀먹기 위해 서둘렀을 것이오. 고통스런 일로부터 생각이 멀리 떨어져 있다는 것은 달콤하겠기 때문이오. 오, 키타이론이여! 너는 왜 나를 받아주었는가? 왜 나를 죽이지 않았는가? 그랬더라면 내 태생이 사람들에게 알려지지 않았을 텐데! 오, 폴리보스여, 코린토스여, 조상들로 전승된 오랜 명성을 가진 집이여! 어찌 나를 겉보기에 훌륭한 사람으로 길렀는가? 안에서는 사악함이 독버섯처럼 커져가고 있었거늘! 지금 나는 사악한 자이고, 사악한 아들로 드러났도다. 오, 삼거리여! 감추어진 숲이여! 내 손에서 나의 피와 내 아버지의 피를 마신 너 삼거리의 숲과 골짜기여! 너희가 지켜볼 때 내가 무슨 짓을 저질렀고, 또 이곳으로 와서는 무슨 짓을 저질렀는지 기억하는가? 오, 결혼이여, 결혼이여! 너희는 나를 낳았고, 자식의 자식을 낳아주어 사람에게 일어날 수 있는 가장 수치스러운 일을 이루었구나! 아버지, 형제, 아이들의 피 그리고 신부, 아내, 어머니의 피가 섞였음을 보여주었구나! 좋지 않은 일을 언급하는 것은 좋지 않으니 최대한 빨리, 신들께 맹세코, 나를 다시는 보지 않도록 나라 밖에 숨기시오. 아니면 나를 죽여 묻거나 바다에 던지시오. 그곳이라면 당신들 눈에 띄지 않을 것이오. 어서! 비참한 나를 건드릴 노고를 감수할 가치가 있다고 여기시오. 내 말을 따르시오! 두려워 마시오! 내 사악함은 나만이 짊어질 수 있소.

코로스 당신의 요구가 행동이든 조언이든, 마침 크레온께서 저기 오시고 있습니다. 그분은, 당신 대신 이 나라의 유일한 수호자이시니까요.

오이디푸스 오! 그에게 내가 무슨 말을 할 수 있겠소? 전에 내가 그를 아주 나쁘게 여겼거늘, 어떻게 그에게 진정한 믿음을 요청한단 말이오.

크레온 저는 당신을 모욕하러 온 것이 아닙니다, 오이디푸스! 지난 잘못을 꾸짖으려는 것도 아닙니다. (옆 사람들에게) 그대들은 필멸의 종족인 인간은 두려워하지 않더라도, 모든 것을 기르는 헬리오스 신의 화염은 존경하시오! 땅도, 신성한 비도, 빛도, 고개를 돌릴 이런 사악을 감추지 않으면 안 되니, 어서 그를 집으로 데려가시오. 집안의 해악은 집안사람들만이 보고 듣는 게 경건한 일일 것이니 말이오.

오이디푸스 신들께 맹세코, 당신은 나의 지독한 예상을 떨쳐내고 가장 고결한 영혼으로서 왔소이다. 그러니 내 말을 들어주시오. 내가 아니라 당신을 위해서 하는 말이오.

크레온 무엇을 얻으려고 그리 청하시는지요?

오이디푸스 내가 사람들과 말을 섞지 않도록, 나를 최대한 빨리 이 나라에서 내쫓아주시오.

크레온 그것도 좋지만, 어떻게 하는 게 좋은지 신께 먼저 물어봐야겠소.

오이디푸스 그분의 말은 이미 완전히 밝혀졌소이다. 불경한 친부 살인범을 죽이라고 하지 않았소?

크레온 그렇게 말씀하셨죠. 하지만 이런 지경이니 어떻게 해야 하는지 다시 듣는 게 더 나을 겁니다.

오이디푸스 이 비참한 자 때문에 수고스럽게 또 묻겠다는 거요?

크레온 당신은 이제 신을 믿으실 테니까요.

오이디푸스 그렇소. 하지만 당신에게도 부탁하오. 집에 누워 있는 저 여인을, 당신이 원하는 대로 장례를 치러 주시오. 당신은 그럴 자격이 있소. 나에 대해선, 내 선조의 도시가 나를 살아서는 주민으로 받아들일 가치가 없다고 여기시오. 대신에 어머니와 아버지께서 살아계실 적에 나의 묘지로 선택하신, 유명한 나의 키타이론산에서 내가 살게 해주시오. 나를 죽이려 하셨던 그 방식으로 내가 죽도록 말이오. 나는 알고 있소. 나를 죽이는 것은 병도, 다른 어떤 것도 아니라는 것을 말이오. 불행한 운명이 아니었다면 나는 죽음으로부터 살아남지 못했을 테니까. 그러니 내 운명이 가려는 대로 가게 내버려두시오. 내 사내자식들은 걱정하지 않아도 될 거요, 크레온! 그들은 어디로 가든 사내들이니 살아갈 방편이 없지는 않을 테니 말이오. 그러나 비참하고 불쌍한 두 딸, 음식이 부족한 적 없었고, 언제나 내 식탁 위에서 나와 함께 먹을 것을 나누었던 처녀들은 받아들여 돌봐주시오. 그리고 가능하다면 그들을 내 손으로 만지고, 불행을 실컷 애도하도록 허락해주시오. 오, 왕이여, 허락해주소서! 허락해주소서, 고귀한 혈통에서 태어난 이여! 그 애들을 내 손으로 만질 수만 있다면, 그들을 눈으로 본 것처럼 여길 것이오.

(안티고네와 이스메네 등장.)

오이디푸스 아니, 이 무슨 일인가? 신들께 맹세코, 사랑스러운 딸들이 나 때문에 우는 소리를 듣고 있는 게 아닌가? 크레온이 나를 불쌍히 여겨 나에게 사랑스러운 자식들을 보내주었구나. 내 말이 맞소?

크레온 맞습니다. 방금 제가 데려오라 했습니다. 그들이 당신의 행복이었던 것을 아니까요.

오이디푸스 축복이 그대에게 내리기를! 신령께서 나를 지켜준 것보다 그대를 더 나은 길로 이끌어주시기를! 오, 아이들아, 어디 있느냐? 이리 오거라. 형제인 나의 손에게로 오거라. 자신이 태어난 곳에서 너희를 낳은 무지하고 미숙한 아버지의 손으로, 한때는 빛났던 눈을 뜯어낸 손에게로 오거라. 남은 침울한 일생동안 너희들이 사람들로부터 어떤 압제를 견뎌야 할지 생각하면 너희를 볼 수 없지만, 너희를 위해 울음이 나오는구나. 도시의 어떤 모임, 어떤 축제, 어떤 축제행렬에 함께할 수 있겠느냐? 집에서 울고 있겠지. 결혼할 나이가 되면, 누가 나와 너희의 자식들에게 쏟아질 그 모욕과 치욕을 감수하려 들겠느냐? 이 세상의 해악 중 너희에게 빠진 해악이 있느냐? 아버지는 그의 아버지를 살해했고, 그 자신이 태어난 밭에 씨를 뿌려 너희들을 낳았다는 모욕을 들을 것이다. 그러니 누가 너희와 결혼을 해주겠느냐? 아무도 없을 것이다. 아이들아, 너희들은 결혼도 하지 못하고 시들어 늙어가겠구나. 오, 메노이케우스의 아들 크레온이여! 이 애들을 낳은 우리는 몰락했고, 그대만이 이들의 아버지로서 남았으니, 이들이 불쌍하게 결혼도 못한 채 방랑하도록 방치하지 않길 바라나이다. 그대가 이 애들을 불쌍히 여긴다면, 이들이 나와 같은 해악을 겪지 않게 해주오. 불쌍히 여겨주시오. 이 어린 나이에 그들은 홀로 남겨졌다오. 그대에게 달려 있소. 고귀한 자여! 그대의 손을 얹어 약속해주시오. 아이들아, 너희가 더욱 성숙했다면 나는 더 많은 충고를 남겼겠지만, 지

금 이것만은 기원하려무나. 어디서 살게 되든지 거기서, 너희를 낳은 아버지보다 더 나은 삶을 만나게 해달라고 말이다.

크레온 됐습니다. 충분히 비통해하셨으니 이제 집으로 들어가시지요.

오이디푸스 내키지 않는 길이라도 따라가야겠지요.

크레온 무엇이든 때에 들어맞을 때 아름다운 법이지요.

오이디푸스 내가 무슨 조건으로 가는지 그대는 알고 있겠지요?

크레온 말하세요. 들으면 알겠지요.

오이디푸스 고향에서 나를 내쫓아주시오.

크레온 신께서 주시는 걸 나에게 요구하는군요.

오이디푸스 나보다 신들께 더 미움 받는 자도 없지 않소?

크레온 그러니 곧 그것이 이루어지겠지요.

오이디푸스 허락하는 것이오?

크레온 제 뜻이 아닌 빈말을 나는 하지 않아요.

오이디푸스 나를 이곳에서 데려가주시오.

크레온 자 가시지요. 아이들은 놔두시고요!

오이디푸스 내게로부터 이 아이들을 빼앗지 마시오!

크레온 모든 것을 지배하려 하지 마세요. 당신이 소유했던 것조차 당신을 평생 따르지는 않았으니 말이오.

코로스 오, 내 조국 테바이의 주민들이여! 저기 유명한 수수께끼를 풀었던, 제일인자였던 남자 오이디푸스를 보시오. 그를 부러워하지 않은 사람 그 누가 있었소! 보시오! 그런 그가 지금 얼마나 큰 운명의 폭풍에 빠져 있는가를. 그러니 마지막 날을 보기 전에는, 필멸의 인간 중 누구도 행복한 삶이라고 기리지 마시오. 고통을 겪지 않고서, 드디어 삶의 저 너머로 건너가기 전에는!

일훈   드디어 끝난 것인가? 내 자신이 공포스럽기도 하고, 오이디푸스가 불쌍하기도 하다.

민석   그럼에도 신 앞에서 끝끝내 인간의 몫을 지켜내는 오이디푸스가 위대하다는 생각도 들지 않니?

조윤   '오이디푸스가 위대하다'면, 아직 끝난 게 아니지. 이 작품을 읽은 우리 안에서 일어나게 될 변화, 아니 혁명이 남아 있다고 해야지!

무하샘   감동입니다. 그래서 아리스토텔레스도 그리스 비극의 효과를 다음처럼 얘기했을 거예요.

비극은 …… 연민과 공포의 감정을 자아내는 사건들을 통해서 이들* 감정의 카타르시스를 성취한다. (아리스토텔레스, 《시학》, 6

---

* '그러한'으로 옮기는 사람도 있다. 그러면 연민과 공포만이 아니라, 감정 일반을 가리키게 된다.

장 25줄, 브리태니커 그레이트 북스 9권, (684쪽)

조윤 카타르시스란 게 뭐죠?

무하샘 잘 물었어요. 그리스 비극 비평에서 '카타르시스' 개념은 매우 중요한데, 학자들 사이에서도 그 뜻을 확정하지 못했어요. 그것에 대해 얼추 세 가지가 언급되고 있는데, 그 중 하나 정도는 알고 있을 듯한데…….

민석 정화한다는 의미 아닌가요?

일훈 사이다 발언을 들었을 때처럼, 속이 시원해진다는 소리 아닌가요?

무하샘 둘 다 맞아요. 카타르시스 뜻에 대한 가장 일반적인 견해는 '정화'이고요, 가장 원초적인 의미는 '설사'예요. 설사하고 나면 뱃속이 비어 훤해지니까, 시원해진다는 것도 카타르시스에 맞는 뜻이라고 할 수 있겠죠?

조윤 그럴 수 있겠는데요. 그럼 카타르시스가 '설사하다'의 의미라면, 그 뜻에서 '정화하다'도 나왔겠네요?

무하샘 《카타르시스란 무엇인가》를 쓴 마광수 교수님도 그렇게 생각했어요. 그 부분을 읽어볼게요.

카타르시스는 의학적인 뜻이 더욱 강한 말로서, 우리 몸 안에 축적되어 있는 찌꺼기, 예컨대 숙변 같은 것을 사하(설사)시켜 병을 치료한다는 의미를 가지고 있다. 생리학에 관심이 깊었던 아리스토텔레스는 이 용어를 정서생활에 적용시킨 것이다. 따라서 우리는 인간의 잠재의식 속에 억압·축적된 여러 가지 욕구 또는 감정을 말끔히 배설시켜 정신을 깨끗하게 정화시킨다는 의미로 카타르시스를 이해하는 것이 옳다. (마광수,《카타르시스란 무엇인가》, 19쪽)

민석 더러운 것이 침투한 마음에 비극을 넣어, 그 더러운 것을 설사시켜 깨끗케 하는 것이 카타르시스라는 소리네.

일훈 몸의 병은 설사약으로, 마음의 병은 비극으로 치료하시길!

민석 카타르시스의 의미에 대한 또 다른 견해는 뭐죠?

무하샘 '순화'라는 견해입니다.

조윤 '정화'와 '순화'는 뜻이 같지 않나?

민석 두 낱말을 같은 의미로 쓰기도 하지만, 구별해서 쓰기도 해. '정화'는 종교적인 의미에서 깨끗케 하는 것이고, '순화'는 도덕적이고 윤리적인 의미에서 그렇게 하는 것으로 구별해 쓰지.

일훈 종교적인 의미와 도덕적인 의미가 다른가?

민석 둘이 겹치는 면이 많지만, 차이가 없는 것도 아니지. 종교적인 의미는 신과의 관계에서 깨끗케 됨이고, 도덕적인 의미에서는 사람들과의 관계에서 그렇게 되는 것이니까.

무하샘 민석이 말이 맞아요. 쌤이 조금 더 덧붙이면, 어떤 걸 '정화'
한다는 것은 그걸 쫓아낸다는 의미가 강한 반면, '순화'한다
는 것은 그것을 적절히 조절하여 지닌다는 의미가 강하죠.

조윤 '정화'와 '순화'가 그런 식으로 다르다면, '순화'가 더 맞겠
다는 생각이 드네요. 아리스토텔레스가 "비극은 연민과 공
포의 감정을 자아내는 사건들의 재현을 통하여, 그러한 연
민과 공포를 자아내는 사건의 '카타르시스(catharsis)'를 성
취한다."고 하였는데, '공포'야 몰아내도 되는 감정이지만,
'연민'은 몰아내면 안 되는 감정이잖아요?

 무하샘 잘 지적했어요. 카타르시스를 '정화'의 뜻으로 해석하는 사
람은 주로 그리스 비극에 대한 플라톤의 견해를 받아들인
사람들이에요. 반면에 아리스토텔레스의 견해 중《니코마
코스 윤리학》에 입각해 카타르시스의 의미를 받아들인 사
람들은 '순화'의 뜻으로 이해하죠. 플라톤은 감정 특히 자
기 연민을 병적인 감정으로 본 반면, 아리스토텔레스는 '공
포'와 '연민' 모두 적절히 조절되면 인간에게 유용한 감정
이라고 보았다는 게 그 이론적 근거이지요. O. B. 하디슨
교수님의 글*을 읽어볼게요.

---

* 아리스토텔레스 지음, 최상규 옮김,《아리스토텔레스의 시학》, 예림기획, 2002, 242~243쪽.

순화론은 《니코마코스 윤리학》에 나오는 주장을 뒷받침으로 삼는다. 정신적 건강이란 양 극단 간의 중용을 지키는 것이라는 주장이 그것인데, 다음과 같은 대목이 그 전형적인 것이다. "미덕이란 중간을 지향하는 특성을 가져야 하는 법이다. …… 그런데 감정이나 행동에는 과다와 부족이 있고 그 중간이 있다. 예를 들어 두려움과 자신감, 욕구와 분노와 연민, 그리고 일반적으로는 즐거움과 고통 등의 감정은 너무 지나치기도 하고 너무 부족하기도 하다. 이건 둘 다 좋지 않다. (《니코마코스 윤리학》, 1106 b8~22)"

하지만 아리스토텔레스의 《정치학》을 근거로 하면, 카타르시스를 '정화'로 파악해야 한다고 말하는 학자들도 있어요. 이를 뒷받침하는 글을 옮겨볼께요.

연민과 공포의 감정이나 열광은 어떤 영혼들 속에는 매우 강력하게 존재하고 있고, 또 그것들은 정도의 차이는 있으나 모든 사람에게 영향을 끼친다. 어떤 사람들은 종교적인 열광에 빠지는데, 영혼을 신비로운 열광에 몰아넣는 멜로디가 사용되었을 때, 그 성스러운 멜로디의 결과로 그들이 마치 치료나 정화라도 받은 것처럼 회복되는 것을 우리는 본다. 연민과 공포에 영향받는 사람들, 그리고 매우 격정적인 기질을 가진 사람들도 똑같은 경험을 할 것임에 틀림없다. (《정치학》, 1342).

 민석　플라톤은 아리스토텔레스와는 달리 연민을 병적인 감정으로 생각했다고요? "쫓아내야 할 감정"이라고 한 게 맞나요?

무하샘　옙!

일훈　연민을 갖는 게 좋은 거 아닌가요?

 무하샘　다른 사람에게 연민을 갖는 거야 좋은 일이겠지요. 하지만 '자기 연민'에 빠져 허우적거리는 것은 건전치 못하다고 할 수 있지 않을까요? 플라톤은 그리스 비극이 사람들로 하여금 '자기 연민'에 빠지게 한다고 여겼어요.[*]

조윤　비극이 사람을 '자기 연민'에 빠지게 한다고? 어떻게 그런 생각을 가질 수 있지?

민석　서양 철학의 최고봉인 플라톤이 그런 말을 했다는데, 어떻게 그런 의심을 가질 수 있지?

일훈　캐묻는 게 특기인 조윤이니까 이해해야지.

조윤　플라톤이 한 말이든, 플라톤의 할아버지가 한 말이든 의심스러운 건 의심스러운 거야! 뭐가 잘못되었는데?

일훈　잘못은 당연히 아니지.

[*]　플라톤 지음, 박종현 옮김, 《국가·政體》, 서광사, 1997, 632~635쪽 참조.

민석   좋아. 자기 연민에 대해 한 번 생각해보자. 자기 연민이 안

　　　　　좋은 감정이라는 데에는 동의하니?

조윤   자기 연민에 탐닉하면 안 좋은 거겠지. 연민이 느껴지는 상

　　　　　황에서 벗어나려 애쓰는 것이 아니라, 오히려 한사코 거기

　　　　　에 머물러 있으려 할 테니까.

민석   그런 파괴적인 상황에서 벗어나려는 생각이 없는 데서 그

　　　　　치지 않고, 심지어 그 상황에서 쾌감을 느낄 정도라면 병적

　　　　　이라고 할 수 있지 않을까?

일훈   정말로 그런 상태라면 환자지!

민석   플라톤이 본 게 바로 그거라고 생각해.

무하샘   맞아요. 그것이 비극이 주는 쾌감이라고 플라톤은 생각했

　　　　　어요. 김상봉 선생님의 말을 들어보죠.

　　플라톤의 입장에 따른다면 바로 이 자기 연민의 달콤함이야말

로 비극이 사람들에게 선사하는 쾌감입니다. 모든 사람들에게는

자기의 불행에 대한 연민의 감정이 본능적인 욕망으로 있습니

다. 그러나 이 본능은 제멋대로 분출되어서는 안 됩니다. 왜냐하

면 자기 연민이 강해지면 강해질수록 사람들은 사소한 고통에도

점점 더 예민해져 정상적으로 세상을 살아나갈 수 없을 만큼 유

약해질 뿐만 아니라, 그에 더하여 자기의 고통에 점점 더 예민해

져, 끝내는 다른 사람의 고통에 대해서는 차갑고 무감동한 이기적인 인간이 될 수밖에 없기 때문입니다. 그러므로 타인의 고통을 나의 고통에 견주어보고 타인의 고통에 공감할 수 있기 위해서가 아니라면, 자기 연민 따위는 없으면 없을수록 좋은 정념입니다. 그러나 플라톤에 따르면 비극이란 그렇게 굶기고 억제해야 할 저급한 정념에 물을 주어 그것을 북돋우는 예술입니다. 그러니 우리의 고매한 이상주의자 플라톤이 어떻게 비극시인들을 비판하지 않을 수 있었겠습니까? 비극이 주는 쾌감이 고작해야 천박한 자기 연민의 달콤함이라면 말입니다. (김상봉,《그리스 비극에 대한 편지》, 274~275쪽)

 조윤 하지만 자기 연민을 하되, 그것에 탐닉하지 않고 자기를 위로하는 정도로 끝난다면, 그런 자기 연민은 추방해야 할 감정은 아니라고 생각해. 그런 위로를 통해 오히려 새로 힘을 얻고 그 상황을 돌파하려고 할 수도 있잖아?

일훈 충분히 그럴 수 있지.

민석 그게 아리스토텔레스가 말한 비극의 효과라는 생각이 든다. 공포스런 상황과 슬픈 자기 현실에 짓눌리지 않을 정도로 그런 감정이 순화된다면 말이야!

일훈 뭐야! 그렇다면 그리스 비극이 관객을 공포와 연민에 꼭꼭

묶어놓기도 하고, 반대로 그런 감정을 약화시키기도 한단 말이야?

조윤   작품에 달린 거라고 생각해. 어떤 작품은 자기 연민과 공포를 더 조장해 거기에서 헤어 나오지 못하게 하는 반면, 자기가 처한 상황을 떨어뜨려 놓고 볼 수 있게 도와주어 그것을 극복할 수 있는 길을 찾게 해주는 작품도 있으니까.

민석   그 지점에서 좋은 작품과 안 좋은 작품이 갈리는 거고.

일훈   그렇다면 그리스 비극에 대한 플라톤의 말과 아리스토텔레스의 말 모두 가능하다는 소리이겠다.

무하샘 쌤도 여러분 생각에 동의해요. 한 가지만 덧붙인다면, 그런 효과를 자아내는 게 일차적으로는 작품의 수준에 달렸지만, 작품을 감상하는 사람의 정신 상태에도 달린 문제라고 생각해요. 비극 중의 비극이라고 하는 《오이디푸스왕》은 여러분에게 어떤 작품이었나요? 여러분의 생각을 갈무리해서 〈운명을 대하는 오이디푸스의 태도〉라는 주제로 글을 써보세요. 꼭 쓰시기 바랍니다.

《오이디푸스왕》원문

1막/1장

오이디푸스, 사제 한 명

　　　테바이 오이디푸스의 궁전 앞이다. 무대 오른편 제단 근처에 사
　　　제가 다양한 무리와 서 있다. 오이디푸스가 정문에서 나온다.

오이디푸스　오, 자녀들이여! 오래된 카드모스(테바이의 건국자)의 아들
　　　딸, 젊은 혈족들이여! 어째서 탄원하는 화관을 쓰고서 제단가에
　　　둘러앉아 있소? 온 도시가 파이안(치료의 신)을 부르는 소리로 덮
　　　여 있고, 울부짖음과 냄새, 탄식과 찬가 그리고 향으로 뒤범벅되
　　　어 있구나. 자녀들이여, 나는 전령을 통해 그대들의 탄원을 듣는
　　　게 옳지 않다고 여겨서 직접 왔소. 모두에게 명예를 얻은 오이디
　　　푸스인 내가!
　　　(사제를 향해) 이들은 어리고 당신은 나이가 지긋하여 저들을 대

변하기에 능숙하니 말하시오. 어째서 여기 앉아 두려워하고 시달리고 있소? 내가 반드시 돕겠소. 이런 탄원자들에게 연민을 느끼지 않는다면 난 냉혈한일 게요.

사제 오, 이 나라의 통치자 오이디푸스여! 당신께선 제단을 둘러싼 우리를 보시며 우리의 나이도 보고 계십니다. 더러는 멀리 날아갈 힘도 아직 갖추지 못한 사람들이고, 더러는 나이에 힘겨워하는 사제들이옵니다. 저는 제우스의 사제이고, 저들은 청년들 중 선택된 자들입니다. 다른 이들은 시장, 팔라스(아테네 여신)의 이층 신전, 이스메노스의 아폴론이 신탁을 내주는 재 앞에서 탄원할 때 쓰는 화관을 쓰고 있습니다. 깊은 심연에서부터, 피의 물결로 요동쳐 머리를 들 수가 없기 때문입니다. 왕이시여, 당신께선 이 도시가 난파선처럼 흔들리는 것을 보십니다. 죽음이 땅의 열매와 들판의 소 떼, 여인들의 태에도 떨어져 생명이 태어나지 못하고 있습니다. 게다가 불의 신이 더는 참혹할 수 없는 돌림병(역병)을 가져와 이 도시를 덮쳐, 카드모스의 집은 텅 비어가고, 검은 하데스(저 세상)는 탄식과 한탄으로 가득 채워지고 있습니다.

나와 이 어린 사람들이 이 제단에 모인 것은 당신을 신과 대등하다고 여겨서가 아니라, 세상의 여러 일들에서나 신적인 일을 다루는 데 있어 당신이 인간들 중 으뜸이라고 여기기 때문입니다. 당신은 카드모스의 도시(테바이를 가리킴)로 와서 잔혹한 여가수(스핑크스)에게 바치던 공물로부터 우리를 해방시켜주었습니다. 당신은 우리에게서 무슨 특별한 것을 듣거나 배운 것이 아니라, 오직 신의 도움에 힘입어 이를 행했고, 그랬다고 여겨집니다.

지금도, 오, 누구보다 강한 오이디푸스여! 우리를 보호해 달라고 당신께 탄원합니다. 신들의 지혜로운 목소리를 들으시든, 인간의 지식으로든 우리를 구원하소서. 경험으로 숙련된 이의 조언이 가장 적절하다는 것을 우리는 압니다. 자, 죽을 수밖에 없는 인간들 중 최고의 인간이시여! 이 도시를 다시 일으키십시오. 그대의 명예를 지키소서. 오래 전에 그대가 보여주신 지혜를 기억하며 이 나라는 당신을 구원자라 부릅니다. 당신의 통치를, 처음엔 곧게 세워졌으나 나중엔 다시 쓰러져버린 것으로 기억하지 않게 해주소서. 굳건하게 이 도시를 일으키십시오! 이전에 이미 우리에게 행운과 좋은 징조를 가져오셨으니 이번에도 그때와 같은 분이 되어주소서. 지금 이 나라를 통치하고 계시는 당신께서 앞으로도 이 나라를 통치하실 텐데, 사람으로 가득 찬 것이 텅 빈 나라를 통치하는 것보다 낫지 않겠습니까? 성이 되었건 배가 되었건, 그 안에 사람이 살지 않는다면 그 자체만으론 아무것도 아닐 테니 말입니다.

오이디푸스 오, 불쌍한 자녀들이여. 그대들이 원하는 바를 나도 잘 알고 있소. 그대들이 아프다는 걸 어찌 모르겠소? 하지만, 그대들 중 누구도 나만큼 아픈 사람은 없을 것이오. 그대들의 고통은 각자에게만 해당할 뿐 다른 사람과는 무관하오. 그러나 내 영혼은 이 나라와 나 자신, 그리고 당신들을 동시에 슬퍼하고 있으니 말이오. 그대들은 세상천지 모른 채 잠만 자고 있던 나를 깨운 게 아니오. 내가 많이 울고, 걱정의 길을 이리저리 헤매고 다녔음을 그대들이 알기 바라오. 숙고 끝에, 단 하나의 방안이 떠올라 나는 그것을 이미 실행했소. 메노이케우스의 아들이자 내 처남인 크레온을 퓌토(델포이)에 있는 포이보스(델포이의 주신인 아폴론)의 집으로 보냈소. 내가 이 도시를 구하기 위해 무엇을 하고 무엇을 말해야 하는지 알아보도록 말이오. 그러나 날짜를 세어보니 여러 날이 지나, 나는 하루하루가 괴롭소. 그가 무얼 하는지 걱정되오. 필요 이상으로 지체되고 있으니 말이오. 그가 왔을 때 신께서 계시한 모든 것을 따르지 않는다면 나는 파렴치한일 게요.

사제 아름다운 말씀입니다. 그런데 방금 크레온의 도착을 저들이 알려왔습니다.

오이디푸스 오, 아폴론왕이시여! 크레온이 그의 빛나는 얼굴처럼 구원의 눈을 반짝이며 오기를!

사제 그는 기뻐 보이는군요. 그렇지 않다면 나무 중 으뜸인 월계수로 만든 관을 쓰지 않았을 테니까요.

1막/2장
오이디푸스, 사제 한 명, 크레온

오이디푸스 곧 알게 되겠지요, 그의 말이 들리니! 오, 왕자, 처남, 메노이케우스의 아들이여, 신으로부터 그대는 어떤 말을 가져오오?

크레온 좋은 말입니다. 나쁜 점도 있지만, 결과가 좋다면 전체적으로는 좋은 것이니까요.

오이디푸스 무슨 뜻이오? 그 말은 나에게 용기도, 두려움도 일으키지 않
　　　　으니 말이오.

크레온 모두가 있는 여기서 듣고 싶으십니까? 여기서든, 함께 들어가서
　　　　들으시든 전 준비되었습니다.

오이디푸스 모두의 앞에서 말하게. 나는 내 영혼보다도 이들을 위해 슬
　　　　픔을 짊어지고 있으니까.

크레온 그럼 신께 들은 바를 말하겠습니다. 포이보스왕께선 분명히 명
　　　　령하셨습니다. 이 나라가 기른 더러움을 내쫓으라고, 치유할 수
　　　　없는 그 불치병을 품고 있지 말라고요.

오이디푸스 어떤 정화의식을 해야 하오? 그 더러운 것은 무엇이오?

크레온 추방하거나, 살인을 살인으로 종결하라고 하셨습니다. 그 피가
　　　　이 나라에 폭풍을 몰고 왔다고 하시면서요.

오이디푸스 신은 대체 누가 당한 운명을 끄집어내신 것이오?

크레온 오, 왕이시여! 당신께서 이 나라를 올바로 이끌기 전에는 라이오
　　　　스가 왕이었습니다.

오이디푸스 나도 알고 있소. 본 적은 없지만 들은 적이 있소.

크레온 그분은 살해되셨습니다. 신께서는 분명히 명령하셨습니다. 그분
　　　　을 죽인 자들을 응징라고요.

오이디푸스 그들은 대체 어디에 있소? 옛 범죄의 보이지 않는 흔적을
　　　　도대체 어디에서 찾아야 하오?

크레온 신께선 '이 나라'에서라고 하셨습니다. 찾는 건 잡히고, 간과하

는 건 도망치는 법이지요.

오이디푸스 라이오스가 쓰러진 곳은 집 안이오, 들판이오? 아니면 외국
에서 그리 되었소?

크레온 신탁을 듣기 위해 밖으로 나간다고 직접 말씀하셨는데, 집을 떠
난 후로는 돌아오지 못했지요.

오이디푸스 사건에 대해 알고 있는, 조사할 만한 전령이나 호위가 없소?

크레온 한 명만 빼고 모두 죽었습니다. 그는 두려워 도망쳐왔기에, 우리
에게 단 한 가지밖에는 말해준 게 없습니다.

오이디푸스 그게 뭐요? 단서가 될 만한 것이라면 작은 것이라도 여럿을
알게 될 수 있을 거요.

크레온 그는 도적들이 공격했다고 말했습니다. 한 명의 힘이 아닌 여러
손이 그분을 죽였다고요.

오이디푸스 이 나라 내부에서 매수해 꾸민 게 아니라면, 감히 도적이 엄
두나 낼 수 있는 일인가?

크레온 다들 그렇게 생각했습니다. 그런데 라이오스가 죽은 뒤 이 나라
에 재앙이 덮쳐, 그의 원수를 갚아줄 자가 한 명도 없었습니다.

오이디푸스 어떤 크나큰 재앙이기에 왕이 쓰러졌는데도 조사를 방해했
단 말이오?

크레온 노래 부르는 스핑크스 때문에, 어두운 과거사는 내버려둔 채
발 앞의 문제에만 매여 있었습니다.

오이디푸스 내가 이것을 처음부터 밝힐 것이오. 적절하게도 포이보스왕
께서, 그리고 그대도 고인을 신경 써주었으니 말이오. 당신들은

나를 분명한 전우戰友로, 나라와 신을 위해 복수하는 자로 보게
될 것이오. 먼 친척을 위해서가 아니라 나 자신을 위해 이 역겨움
을 몰아낼 것이오. 왕을 죽인 자는 그 손으로 나까지도 살해하길
원할 게 틀림없기 때문이오. 그러니 고인께 봉사하는 건 내게도
유익하오. 그대들, 자녀들이여, 어서 계단에서 일어나오. 그리고
탄원하는 나뭇가지를 가져가시오. 누가 카드모스의 백성을 불러
오도록 하시오. 나는 모든 것을 할 것이오. 우리가 번성할지 비탄
에 잠길지, 신께서 결정하리다.

(오이디푸스와 크레온 퇴장.)

사제들　오, 자녀들이여! 일어납시다. 왕께서 말씀하신 이것 때문에 우리
　　　가 여기 왔잖습니까. 예언을 보내주신 포이보스께서는 부디 구원
　　　자이자 의사醫師로서 우리에게 오시길.

코로스(좌1)　오, 제우스의 친절한 말씀이여! 그대는 무엇을 전하러 황금
　　　이 많은 퓌토(델포이, 델피의 다른 이름)에서 영광스러운 테바이로
　　　왔는가? 나는 두려운 생각에 긴장하며 공포에 비틀거리고 있도
　　　다. 델로스의 치유자(아폴론)시여, 당신께서 가져올 불운에 두렵
　　　습니다. 어떤 새로운 고통인지, 아니면 순환하는 계절이 마디를
　　　지을 때마다 되풀이되는 것인지 말해주소서. 불멸의 목소리여!
　　　금빛 희망의 딸이여.

코로스(우1)　당신을 부릅니다. 제우스의 따님, 불사의 아테네여! 그리고
　　　그의 자매이자 이 땅의 수호신이며 아고라라는 광장의 왕좌에 앉
　　　아계신 아르테미스를, 또한 멀리까지 맞히는 포이보스를 부릅니

다. 죽음을 막는 세 수호자시여! 나타나소서! 이전에도 도시에 몰려온 재앙에 맞서 파괴의 불길을 몰아내셨다면 이번에도 오소서, 신들이시여!

코로스(좌2) 아, 우리는 헤아릴 수 없는 큰 슬픔에 잠겼고, 온 백성이 병들었습니다. 누구에게도 걱정을 무찌를 창이 없습니다. 명성 높은 나라에서, 새싹들이 자라지 못하고 여인들은 탄생을 위한 애절한 노고를 견디지 못합니다. 한 명 또 한 명이 힘찬 날개가 달린 새처럼, 날뛰는 불보다 빠르게, 서쪽 죽음의 신이 있는 해안으로 달려가는 것을 보십니다.

코로스(우2) 헤아릴 수 없는 죽음으로 도시는 죽어가고 있습니다. 아이들은 맨땅에 누워 애도도 없이 죽음을 흩뿌리고, 아내들과 백발의 어머니들은 제단 여기저기에서 애원하며 탄식하고 있습니다. 파이안(보통, 치료의 신인 아폴론을 지칭한다.)의 빛나는 소리가 탄식하는 목소리와 섞여 있습니다.

코로스(좌3) 오, 제우스의 금빛 따님(아테나)이시여! 혜안을 가진 분이여, 구원을 보내주소서. 우리는 청동 방패도 없이 비명에 둘러싸여 우리를 불태우는 사나운 아레스(전쟁과 파괴의 신)와 싸워야 합니다. 그가 뒤돌아 나라 밖으로 달아나게 하시되, 암피트리테(포세이돈의 아내)의 거대한 침실(포세이돈의 영역인 바다를 가리킨다.)이나 항구가 없는 트라케의 파도 속으로 가게 해주십시오. 밤이 가면 낮이 옵니다. 오, 불을 나르는 번개를 관장하는 제우스 아버지여! 당신의 벼락 아래에 그를 죽이소서.

코로스(우3) 뤼케이오스(아폴론)왕이시여, 황금줄 매인 활로 쏜 무적의
화살들로 우리 편에 서주소서. 그리고 뤼키아산맥을 뛰어다니는
아르테미스의 횃불도 함께해주소서. 또한 황금 터번을 쓰고 자신
의 이름을 우리 나라에 주신(테바이를 세운 카드모스의 딸이 세멜레
인데, 세멜레가 디오니소스의 어머니여서 이렇게 말함.), 마이나데스
인(디오니소스의 여신도)들과 함께 떠돌며 포도주빛 얼굴을 한 박
코스(디오니소스)께서도 동맹자가 되어 번쩍거리는 횃불로써, 신
들 중 불명예스러운, 저 신(파괴와 질병을 가져오는 아레스)과 싸우
소서.

2막/1장
오이디푸스, 코로스

오이디푸스 그대들이 빌고 또 비니, 나의 말을 귀담아 듣고 이 역병과
싸우면 재앙에서 구원을 받고 힘을 얻을 것이오. 내 말을 들으시
오. 지금 내게는 사태가 낯설고, 그 과정은 더 낯설다오. 아무 단
서도 없다면 어떻게 멀리까지 나아갈 수 있겠소? 모든 일이 지나
간 뒤에야, 나는 여러분의 나라 테바이의 시민이 되었소. 나는 모
든 카드모스인들에게 선포하오. 당신들 중 랍다코스의 아들 라이
오스가 누구에게 죽었는지 아는 자는 내게 알리시오. 명령이오.
책임이 두렵다면 자수하시오. 그러면 사나운 일은 당하지 않을
것이며, 나라에서 떠나야 할 뿐 다치지는 않을 것이오. 만약 외국

인인 범인을 알고 있는 사람이 있다면, 그는 침묵하지 마시오. 나는 상을 주고, 사의도 표할 것이오.

하지만 그대들이 침묵한다면, 예컨대 사랑하는 이와 자신을 걱정하여 내 말을 밀쳐버린다면, 내가 어찌할지 들으시오. 그 살인자가 누구든, 내가 통치권과 권좌를 가진 이 땅에서는 그를 초대하거나 그와 대화하거나, 그와 함께 신에게 기원하거나, 같이 제사 지내거나, 그자에게 정화의식을 베풀어도 안 된다는 것을 선포하오.

그가 우리의 오점임을 퓌토의 신탁이 내게 분명히 알려주었으니, 그를 모든 집에서 쫓아내시오. 나는 이 나라의 수호신 그리고 망자亡者와 전우가 되었소. 범인이 한 명이든 여럿이든 그 인생이 꼴사납게 망가지라고 저주할 것이오! 그리고 내가 범인을 알고서도 그를 내 화롯가에 앉힌다면, 내가 방금 한 저주가 나에게 내리기를! 그대들에게 명령하오. 나와 신 그리고 신께 버려져 파괴되고 망가진 이 나라를 위해 모든 걸 하시오.

신께서 이 사안을 결정하시지 않으셨더라도, 최고의 사람인 왕이 죽었으니 그대들을 불결하게 놔두는 것은 유익하지 않았을 것이오. 조사하시오. 이제 내가 그분의 지배권, 침대, 아내, 그리고 아이들도 얻었는데, 만약 운명이 그를 덮치지 않아 그의 혈족이 끊어지지 않았다면, 우리는 한 배에서 태어난 자식들을 가졌을 것이오. 이런 이유로 나는 그가 내 아버지인 것처럼 그를 위해 싸울 것이고, 살인자를 잡기 위해 모든 걸 할 것이오. 랍다코스의 아들을 위해서, 폴리도로스와, 거슬러 올라가선 카드모스, 더 위로는 아게노르에게서 태어난 이를 위해서 할 것이오. 그 사람을 위해 아무것도 하지 않는 자들에게는 신들께서 조금의 수확도 내려주지 마시고, 그 아내들에게 임신의 축복을 베풀지 마시고, 그런 운명만이 아니라 더한 불행을 겪으며 죽어가게 하시기를! 하지만 이것이 마음에 드는 다른 카드모스인들과 우리에게는, 디케와 모든 신들께서 전우로서 언제나 함께하시기를!

코로스장   왕이시여, 왕께서 저를 저주로 묶으시니, 말씀드립니다. 저는 살해하지 않았고, 범인을 보일 수도 없습니다. 하지만 수색하라 명하신 포이보스께서 누가 그랬는지 전해주실 겁니다.

오이디푸스   옳은 말이오. 그러나 신들께서 원하지 않는다면 어떤 사람도 신들을 강요할 순 없겠지요!

코로스장   그렇다면 생각하는 두 번째 바를 말하고자 합니다.

오이디푸스   있다면, 셋째도 침묵하지 말고 말하시오.

코로스장   포이보스왕에 대해선 테이레시아스왕이 가장 잘 압니다. 이에 대해 그에게 물어보면 확실히 알 수 있을 겁니다.

오이디푸스   그 시도에도 나는 게으름을 피우지 않았소. 크레온의 조언에 따라 이미 전령을 두 번이나 보냈소. 그런데 그 예언자가 오지 않으니 의아하게 생각하고 있소.

코로스장   그렇다면, 다른 얘기는 오래된 헛소문일 뿐이군요.

오이디푸스   무슨 소문 말이오? 조그만 단서라도 놓쳐서는 안 되니 말이오.

코로스장 전해지기로는, 라이오스왕께서 나그네들에게 죽었다고 합니다.

오이디푸스 나도 들었소. 하지만 그 짓을 한 자를 보지 못했다는 게 문제요.

코로스장 그에게 두려움이 한 조각이라도 있다면 당신의 저주를 듣고서 그냥 머물러 있지는 못할 겁니다.

오이디푸스 행동을 겁내지 않는 자는 말도 겁내지 않는다오.

코로스장 하지만 그자를 밝혀낼 사람이 있습니다. 사람들이, 이제 인간 중에서 유일하게 진리를 품고 있는 신성한 예언자를 모셔왔으니 말입니다.

오이디푸스 오, 말할 수 있는 것이든 말할 수 없는 것이든, 하늘의 것이든 땅을 거니는 것이든 무엇이나 통찰하는 테이레시아스여! 그대가 비록 눈으로 보지 못하더라도 도시가 어떤 병에 괴로워하는지 그대는 알 겁니다. 우리를 구할 수 있는 왕이시여, 우리는 당신만을 유일한 구원자로 찾았소. 전령에게 듣지 못했을 수도 있지만 포이보스께서 우리의 전언에 답을 보내셨소. 우리가 라이오스의 살인자를 찾아내 죽이거나 추방하기 전에는 이 병에서 구원을 받을 수 없다고 말이오. 새들에서 나오는 소리든, 다른 방식의 전언이든 당신은 아끼지 마시오. 그리하여 당신과 이 나라를 구해주고, 나를 지켜주고, 또 피살자로 인한 오염을 막아주오. 우리의 운명은 당신에게 달려 있소. 가능한 최대로 남을 돕는 것보다 더 아름다운 수고는 없다고 믿소.

테이레시아스 아아, 아는 자에게 그 앎이 소용없는 것이라면 안다는 게
        얼마나 괴로운 일인가! 이것을 알고 있었으면서도 잊어버리다
        니! 그러지 않았다면 여길 애초에 오질 않았을 텐데.

오이디푸스 무슨 말씀이시오? 어째서 이리 힘없이 오시오?

테이레시아스 나를 집으로 보내주오. 내 말을 따르시오. 당신은 당신의
        것을, 나는 나의 것을 견뎌내는 게 최선이오.

오이디푸스 신탁을 알려주지 않겠다니 그것은 옳지 않소. 합당하지도
        않고, 당신을 길러준 이 도시에 대해서도 애정이라곤 조금도 없
        는 말이오.

테이레시아스 당신의 말이 잘못되었다는 것을 내가 알기 때문이오. 마
        찬가지로 내 말도 잘못되지 않을까 두려워 그러는 거요.

오이디푸스 신께 맹세코, 안 됩니다! 당신께 지혜가 있다면 돌아가지 마
        십시오! 우리 모두가 당신 앞에 무릎 꿇고 애원합니다.

테이레시아스 당신들 모두 어리석기 때문이오. 나는 내 해악을 드러내
        지 않을 작정이오. 당신의 해악이라 부르고 싶지 않아 이리 말해
        두는 것이오.

오이디푸스 무슨 말이오? 알면서도 말하지 않겠다는 것이오? 우리를 배
        신하고 도시를 파멸시키려는 셈이오?

테이레시아스 이 고통을 당신이나 내게 씌우고 싶지 않소. 공연히 힘을
        허비하지 마시오. 나는 어떤 말도 하지 않을 것이오.

오이디푸스 악당 중의 악당이네! 돌이라도 도발할 사람이구나. 무자비
        하고 냉혹하게 서 있지 말고 말하시오!

테이레시아스 당신은 나의 성정을 꾸짖고 있소만, 함께 살고 있는 당신
     의 것은 보지 못한 채 나를 비난하는구려!

오이디푸스 그대가 이 도시를 이렇게도 능욕하는데 화내지 않을 사람
     이 있을 성 싶소?

테이레시아스 내가 침묵한 채 나간다 하더라도, 올 것은 알아서 올 것이
     니 염려 마시오.

오이디푸스 올 것이라면 말해주어야 하지 않겠소? 내게 말하시오.

테이레시아스 더 이상 말을 하지 않겠소. 원한다면 얼마든지 화를 내시
     오. 사납게 날뛰어도 좋소.

오이디푸스 암! 화를 내고말고. 그러니 내 생각을 하나도 빠뜨리지 않고
     말하겠소. 알아두시오. 당신이 직접 죽이지 않았을 뿐, 그 일을 함
     께 모의하고 실행까지 한 것으로 보인다는 사실을! 당신이 봉사
     가 아니었더라면 당신 혼자서 죽였다고 말했을 거요.

테이레시아스 진심이오? 그렇다면 당신은 당신이 선언한 바에 따라 오
     늘부터 이 사람들 누구에게도, 또 내게도 말을 걸지 마시오. 당신
     이 이 나라를 오염시킨 사람이니까!

오이디푸스 파렴치하게 그런 말을 꺼내다니! 그러고도 벌을 면할 수 있
     다고 생각하진 않겠지?

테이레시아스 나는 이미 면했소. 진실의 힘이 내 안에 있으니 말이오.

오이디푸스 그런 말재간은 누구에게 배웠소? 당신 재주를 벗어난 말이
     지 않소?

테이레시아스 당신에게서 배웠소. 싫다는데도 말하도록 강요했으니 말

이오.

오이디푸스 무슨 말을? 내가 잘 알아듣게 다시 말해보시오.

테이레시아스 이미 알아듣지 않았단 말이오? 아니면 뭔가 더 끌어내려
고 나를 부추기는 것이오?

오이디푸스 이미 알고 있는 건 없소. 다시 말하시오.

테이레시아스 당신이 찾는 그 살인자는, 말하건대, 당신이오.

오이디푸스 재미로 두 번씩이나 나를 모욕하다니. 당신은 후회할 것
이오.

테이레시아스 화가 더 나도록 다른 말도 해볼까요?

오이디푸스 실컷 하시오. 말해봐야 허튼 소리겠지만!

테이레시아스 내 선언하는 바이오. 당신은 아주 가까운 사람과 가장 수
치스럽게 동거하면서도, 그 사실에 어두워 자신이 어떤 불행에
처했는지 모르고 있소.

오이디푸스 이렇게 말하고도 계속 탈이 없으리라 믿나?

테이레시아스 진리에 힘이 있다면!

오이디푸스 물론 진리에는 힘이 있지. 하지만 당신에게는 아니야. 당신
은 귀도, 정신도, 눈도 다 어두우니까.

테이레시아스 불행하구나, 욕하는 자여. 모두가 곧 그대를 그렇게 욕할
테니.

오이디푸스 그대는 영원한 밤을 살고 있구만! 그러니 나든, 다른 누구든
빛을 보는 사람을 절대로 해코지할 수 없는 노릇이지.

테이레시아스 당신은 나에게 무너질 운명은 아니니 그럴 테지요. 하지

만 아폴론께선 이 일을 확실히 마무리지을 것이오.

오이디푸스 그건 크레온의 생각에서 나온 말이요, 그대 자신이 하는 말이오?

테이레시아스 크레온은 당신에게 해가 되지 않소. 당신 스스로 해가 되는 거지.

오이디푸스 오, 부유함이여, 왕권이여, 치열한 삶에서 최고인 지혜의 재주여! 너희를 감시하는 질투는 얼마나 큰가! 요구하지 않았는데도 도시가 내게 맡긴 이 권력 때문에, 충직하고 늘 사랑스러웠던 크레온이 기만적이고 천박한 이익을 좇아 나를 내쫓으려 하다니! 재주에는 눈이 멀었으되, 교활한 마법사를 부추겨 나를 모함하다니!

자, 말해보시오. 언제 당신이 예언자로서 지혜로움을 보여주었는지를. 그 어두운 여가수(스핑크스를 가리킨다.)가 이 나라를 유린할 때, 그대는 시민들에게 해방을 안겨주었소? 그 수수께끼는 누구나 풀 수 있는 것이 아니었고 예언술을 필요로 했는데도, 그대는 새들이나 다른 방식의 예언술도, 신들의 어떤 말씀도 알지 못했소. 그러나 내가, 무식한 이 오이디푸스가 이곳에 이르자 그녀는 침묵했소. 새들에게 배우지 않고, 오직 내 지성으로 수수께끼를 풀었소. 그런 나를, 당신은 크레온의 왕좌에 가까이 가려는 생각으로 나를 내쫓으려 하고 있소. 그대는 공범과 함께 눈물을 흘리며 후회할 것이오. 그대가 노인만 아니었다면, 그 계획 때문에 고통을 겪었을 것이오.

코로스장 우리에겐 그분의 말씀이나, 오이디푸스 님의 말씀이나 다 분
노에서 나온 것으로 여겨집니다. 왕이시여. 그런 분노는 필요치
않고, 신의 말씀을 잘 이행할 수 있는 최선의 방법을 숙고해 찾아
내는 것이 필요할 따름입니다.

테이레시아스 당신이 왕이지만, 내게도 말할 권리가 똑같이 있소. 난 당
신의 종이 아닌 록시아스(아폴론)의 종이니, 이 점에선 나도 그
럴 권리가 있소. 그러니 크레온을 후견인으로 삼아 그 사람 아래
에 내 이름을 써넣진 않을 것이오. 당신이 날 맹인盲人이라 욕하
니 말해두겠소. 당신은 보면서도, 당신이 어떤 해악에 있는지, 어
디에서 사는지, 누구와 잠자리를 하는지 도무지 보지 못하고 있
소. 당신이 누구의 자식인지나 아시오? 당신은 땅속에 있는 사람
들이든, 땅 위에 있는 사람들이든 간에 당신 친척들의 적이라는
것도 모르고 있소. 아버지와 어머니로부터 내리치는 치명적인 이
중의 채찍이 당신을 이 땅에서 쫓아내고, 지금은 똑바로 보는 당
신의 눈에는 어둠만이 내릴 것이오. 당신이 좋은 항해 후 도달한,
이 집의 항구 아닌 항구로 당신을 이끈 축혼가의 비밀에 대해 당
신이 알게 되면, 당신의 비명 소리가 모든 항구를 채우고 키타이
론산 구석구석에 메아리쳐 울려 퍼질 것이오. 당신은, 당신과 당
신 아이들에 떨어지는 다른 여러 해악도 전혀 보지 못하고 있
소. 그러니 크레온과 내 말을 실컷 조롱하시오. 필멸하는 인간
들 중 당신보다 더 심하게 망가질 사람은 앞으로도 없을 것이니
말이오.

오이디푸스 이런 말을 듣고도 참을 수 있단 말인가? 어서 파멸의 땅속
　　　　　으로 꺼지지 못할까! 어서 빨리 이 집에서 떠나지 못할까!

테이레시아스 당신이 부르지 않았다면 나는 오지 않았을 거요.

오이디푸스 당신이 그런 미친 소리를 할 바보라고 어떻게 생각할 수
　　　　　있었겠나? 그럴 줄 알았다면, 당신을 이 집으로 데려오지 않았
　　　　　겠지!

테이레시아스 당신에겐 내가 바보로 보이겠지만, 당신을 낳아준 당신
　　　　　부모에겐 내가 지혜로워 보였다오.

오이디푸스 누구? 멈추시오! 인간 중 대체 누가 날 낳았다는 말이오?

테이레시아스 오늘이 당신을 낳고, 또 당신을 파멸시킬 것이오.

오이디푸스 모든 걸 수수께끼처럼 어둡고 모호하게 말하는구나!

테이레시아스 당신이 모호한 수수께끼를 푸는 데 최고지 않소?

오이디푸스 날 위대하게 여길 일을 가지고 나를 조롱하다니!

테이레시아스 분명 그 재주가 당신을 파멸시켰소.

오이디푸스 도시를 구했으니 상관없소.

테이레시아스 이제 나는 가겠소. (소년에게) 얘야, 나를 인도해다오.

오이디푸스 데려가도록 하라. 당신이 여기 있으면 걸림돌이고 성가실
　　　　　테니까. 이제 가면 다시는 괴롭히지 않겠지.

테이레시아스 내가 온 이유를 분명히 말하고 가겠소. 당신의 얼굴은 두
　　　　　렵지 않소. 당신이 나를 파멸시킬 방법은 없으니까. 당신에게 말
　　　　　하오. 당신이 라이오스왕의 살인범이라고 위협하며 찾아다닌 그
　　　　　남자가, 바로 이곳에 이방인으로 서 있소. 그는 시민들에게 이방

인으로 알려져 있지만, 테바이에서 태어난 게 곧 밝혀질 것이오. 하지만 그는 그 행운을 기뻐하지 않을 것이오. 보이던 눈이 멀게 되고, 부유함 대신 가난하게 되어, 지팡이로 앞을 가리키며 낯선 땅을 떠돌아다닐 것이오. 그는 자식들의 형제이자 아버지로, 그를 낳은 여자의 아들이자 남편으로, 그가 살해한 아버지의 침대에서 씨를 뿌린 것으로 밝혀질 것이오. 안으로 들어가 생각해보시오! 내가 거짓말쟁이임을 밝혀낸다면, 내가 예언술을 생각 없이 해댄다고 말해도 좋소.

(테이레시아스는 소년에 인도되어 퇴장하고, 오이디푸스는 궁전으로 퇴장한다.)

코로스(좌1) 누구인가? 예언하는 델포이가 지목한 그 자는? 피 묻은 손으로, 차마 말할 수 없는 끔찍한 짓을 저질렀다고 지목된 그는 누구인가? 이젠 그가 태풍처럼 달리는 말보다도 힘차게 도망치며 발을 움직여야 할 때로다. 제우스의 아드님(아폴론)께서 불과 번개로 무장하고 그를 덮치며, 동시에 강력하고 무자비한 케레스(복수의 여신들) 여신들이 뒤쫓고 있으니까.

코로스(우1) 방금, 눈 덮인 파르나소스산으로부터 신탁이 내려왔네. 숨은 그자를 어떻게든 찾아내라 목소리 번쩍이며 말씀하셨기 때문이네. 그자는 야생의 숲으로 숨고 동굴과 절벽에서 황소처럼 쓸쓸히 배회하네. 불행한 자의 불행한 발자취는 달아나지만, 대지의 배꼽(델포이)에서 태어난 예언은 언제나 살아서 그의 머리 위를 떠도네.

코로스(좌2) 지혜로운 예언자는 무섭고도 무섭게 나를 동요시키네. 맞다
고도 틀리다고도 할 수 없는 것에 대해 뭐라 말해야 할지 모르겠
구나. 불길한 예감에 흔들리건만, 현재도 모르겠고 미래도 모르
겠구나. 랍다코스의 아들(라이오스)과 폴리보스(코린토스의 왕)의
아들(오이디푸스) 사이에 어떤 다툼이 있었는지 들은 적 없으니,
랍다코스의 숨겨진 죽음(라이오스의 죽음)을 보복할 증거를
내세울 수 없네. 널리 퍼진 오이디푸스의 명성을 공격할 증거가
없네.

코로스(우2) 진정 제우스와 아폴론께선 지혜로우시어 인간사를 두루 아
시네. 하지만 인간일 뿐인 예언자가 나보다 옳다는 건 올바른 판
단이 아니네. 누가 누구를 지혜로 뛰어넘을 순 있어도, 그 말이
분명히 증명되기 전에는, 왕에게서 잘못을 찾는 자들에게는 동
조하지 않으리. 날개 달린 처녀(스핑크스)가 그와 마주쳤을 때, 우
리 모두 그의 지혜로움을 보았으며, 그 시험으로 그가 이 도시에
우호적인 현자임이 드러났네. 그러니 그는 내 마음으로부터 결코
유죄 판정을 받지 않을 것이네.

3막/1장
크레온, 코로스

크레온 사람들이여! 시민들이여! 오이디푸스왕께서 내게 죄를 씌운다
는 고통스러운 말을 듣고, 화가 나서 여기에 왔소. 그분이 최근의

해악 속에서 내 말이나 내 행동으로 해를 입었다고 생각한다면, 나는 그런 모욕을 참으며 남은 생을 즐기며 보내고 싶지는 않소. 그런 생각은 내게 이중으로 치명적인 상처를 입히오. 나는 도시의 반역자라 불리고, 당신들과 친구들에게 반역자라 불릴 테니까 말이오.

코로스장 그러나 그 비방은 이성의 조언이 아니라, 분노에 의해 강요되었을 겁니다.

크레온 하여튼 내 조언에 따라 그 예언자가 거짓말을 했다고 그분이 말한 것은 사실이오?

코로스장 그렇다고 하시긴 하셨습니다만, 어떤 생각에서 그런 말씀을 하셨는지는 모르겠습니다.

크레온 눈을 똑바로 뜨고, 올바른 정신 상태에서 나에 대한 고발을 알리셨소?

코로스장 전 모릅니다. 높은 분들께서 하는 걸 제가 어찌 알겠습니까? 마침 그분께서 집에서 나오시네요.

3막/2장
오이디푸스, 크레온, 코로스

오이디푸스 당신! 여기, 여길 어떻게 왔나? 파렴치한 얼굴로 내 집에 오다니! 분명히 고인을 살해하고, 명백히 내 통치권을 도적질하려 했으면서. 신들께 맹세코 말해보게. 내게서 어떤 비겁함이나 멍청함을 보고서 이런 짓을 생각해냈는가? 당신의 음모가 몰래 기어들어오는 것을 내가 알아채지 못하거나, 알아채더라도 막지 못하리라고 여겼는가? 왕관은 백성과 돈으로 획득하는 것이거늘, 백성도 친구도 없이 왕권을 가지려 하다니 당신의 시도는 멍청하지 않은가?

크레온 먼저 제대로 아십시오. 당신의 말과 대등한 위치에 있는 제 대답을 들으시지요. 그런 다음 판단하시기 바랍니다.

오이디푸스 그대는 말을 그럴듯하게 했지만, 나는 알아듣지 못하겠네. 그대가 위험하고 적대적임을 알아냈으니 말일세.

크레온 제 말을 먼저 들어주세요.

오이디푸스 그대가 악당이 아니라고 말하진 말게.

크레온 당신께서 이성 없는 고집이 좋다고 생각하신다면, 그건 제대로 된 생각이 아닙니다.

오이디푸스 친척들을 학대하고서도 처벌을 받지 않을 수 있다고 생각한다면, 그대는 제대로 생각지 못하는 거네.

크레온 그 말이 옳다는 것에 동감합니다. 하지만 당신이 나에게 당했다고 여기는 그 고통에 대해 말씀해주시지요.

오이디푸스 신성한 예언자에게 사람을 보내는 것이 긴급하다고 당신이 조언했나, 하지 않았나?

크레온 지금도 같은 생각입니다.

오이디푸스 그러면, 얼마나 오래 되었지, 라이오스가⋯⋯.

크레온 라이오스께서요? 무슨 말씀이신지요.

오이디푸스 치명적인 폭력으로 사람들 시야에서 사라진지 얼마나 되
　　　　었나?

크레온 시간이 아주 많이 됐습니다.

오이디푸스 그러면, 그때도 그 예언자가 예언술에 종사하고 있었나?

크레온 지금과 똑같이 지혜로웠고 합당하게 존경받았습니다.

오이디푸스 그러면, 그때도 그가 나에 대해 뭔가를 언급한 적이 있는가?

크레온 아니요. 제가 옆에 있을 때는요.

오이디푸스 그런데, 당신들은 망자에 대해 조사하지 않았고?

크레온 했습니다. 어찌 조사하지 않았겠습니까? 그러나 아무것도 듣지
　　　　못했습니다.

오이디푸스 그러면, 그 현자가 그때는 왜 지금과 같은 말을 하지 않
　　　　았지?

크레온 모르겠습니다. 제가 이해하지 못한 것에 대해서는 침묵하겠습
　　　　니다.

오이디푸스 그러나 그대는 이것은 알고 있을 걸세. 정직하게 말하게.

크레온 무엇을 말입니까? 제가 아는 일이라면 안다고 하겠습니다.

오이디푸스 그가 그대와 공모하지 않았다면, 내가 라이오스의 살인자라
　　　　고 진술하지는 않았으리라는 것을 인정하게.

크레온 그가 그런 진술을 했는지는 당신이 아시겠지요. 하지만 당신이
　　　　저에게 한 것과 똑같은 물음을, 동등한 위치에서 제가 당신에게
　　　　묻는 것도 마땅하다고 생각합니다.

오이디푸스 묻게나. 나는 결코 살인자로 낙점되지는 않을 것이네.

크레온 그래요. 당신은 제 누이와 결혼하셨지요?

오이디푸스 부인할 수 없는 말이지.

크레온 당신은 그분과 동등한 자격으로 이 나라를 통치하시지요?

오이디푸스 그녀가 원하는 것이라면, 내가 모두 마련해주지.

크레온 저는 당신들 두 분과 동등하면서 세 번째 자리에 있는 사람이 맞
지요?

오이디푸스 바로 그 지점에서 그대는 사악한 친구로 드러나네.

크레온 아닙니다. 제가 비추는 것을 당신이 보신다면, 그렇게 생각하지
않을 것입니다. 똑같은 권력을 가질 수 있다면, [왕의 위치에 있
지 않아] 맘 편하게 잠을 잘 수 있는 쪽을 선택하는 게 낫겠습니
까? [왕의 자리를 유지하느라] 두려움 속에서 통치권을 행사하
는 쪽을 선택하는 게 더 낫다고 생각하십니까? 저는 적어도 통치
자의 권력만을 가질 수 있으면 되었지, 실제로 통치자가 되는 걸
원하도록 태어나진 않았습니다. 이성적인 자제력을 가진 사람이
라면 누구나 그럴 겁니다. 지금 저는 두려움 없이 모든 걸 당신으
로부터 얻고 있습니다. 제가 직접 통치한다면 하기 싫은 일도 마
지못해 해야 할 게 많겠지요. 그러니 어떻게 걱정 없는 명예와 권
력을 갖는 것보다 왕권을 갖는 것이 저에게 더 유쾌하겠습니까?
저는 명예로운 이익 이외의 것을 요구할 만큼 어리석지 않습니
다. 지금 제겐 모든 게 즐겁고, 사람들도 모두 제게 인사하며 저
를 부릅니다. 당신을 필요로 하는 자들의 성공이 제게 달려 있기
때문이지요. 제가 어찌 이 좋은 것을 놓고 다른 것을 쥐겠습니까?

이렇듯이 이성적으로 생각하면 마음이 사악해질 수 없습니다. 저는 배신할 성격이 아니고, 누군가가 그러더라도 결코 함께 하지 않을 것입니다. 증거를 바라신다면, 당신의 비난을 가지고 퓌토로 가서 신탁에 대해 직접 알아보십시오. 제가 당신에게 신탁을 정확히 전했는지 물어보십시오. 또한 제가 예언자와 공모했다는 사실을 당신이 알아낸다면, 당신 한 사람의 말이 아니라 당신과 저 두 사람의 말로 저주하고, 저를 죽이십시오. 증거도 없이 어두침침한 생각만으로 저를 범죄자로 몰지 마십시오! 악인을 지혜롭고 탁월하다고 여기는 것도, 현자를 악인으로 여기는 것도 모두 옳지 않습니다. 고귀한 친구를 버리는 것은 자기 목숨을 버리는 것과 마찬가지이지요. 시간이 지나면 이를 분명히 알게 될 겁니다. 시간은 옳은 사람을 드러내기 때문입니다. 반면에 악인은 하루만에도 식별할 수 있지요.

코로스장 실족하지 않도록 그는 잘 말했습니다. 왕이시여! 속단하는 것은 위험에 빠지기 십상이니까요.

오이디푸스 올가미를 놓는 누군가가 빨리 움직이면, 나 역시 빨리 대응해야 하는 법! 내가 편히 기다린다면 그의 목적은 달성되고, 내 것은 빗나갈 테니까.

크레온 무엇을 원하십니까. 절 추방하시려고요?

오이디푸스 아니! 추방이 아니라 죽이겠네.

크레온 ……

오이디푸스 질투란 어떤 것인지 그대가 보여주었네.

크레온 제게 양보하거나, 저를 믿지 않기로 작정하셨군요?

오이디푸스 …….

크레온 당신은 제정신이 아니십니다.

오이디푸스 내 일에는 제정신이네!

크레온 제 일에도 그러셔야죠.

오이디푸스 그대는 악당이야!

크레온 하지만 당신이 잘 모른다면 어쩌실 겁니까?

오이디푸스 그래도 나는 통치해야지.

크레온 하지만 나쁜 주인은 안 되죠.

오이디푸스 오, 도시여! 도시여!

크레온 당신만이 아니라, 저에게도 이 도시에 대한 몫이 있습니다.

코로스장 그만두십시오, 왕들이시여! 이오카스테 마님께서 집에서 나
　　　오시는 것이 보입니다. 그분의 도움으로 말다툼을 끝내시지요.

3막/3장

오이디푸스, 크레온, 코로스, 이오카스테

이오카스테 딱한 분들이여! 어째서 답 없는 말다툼을 벌이세요. 부끄럽
　　　지 않으세요? 나라가 이렇게 병들었는데, 사사로운 불화로 분란
　　　을 일으키다니! 당신은 성으로 들어가세요. 크레온, 자네도 사소
　　　한 일을 키우지 않도록 자네 집으로 가게나.

크레온 오, 누님! 누님의 남편 오이디푸스는 정말로 제게 해를 입히려고

해요. 두 가지 해악, 추방이나 사형 중에서 고르려 하고 있단 말입니다.

오이디푸스 내가 그렇게 말했소. 여보! 그가 사악한 꾀를 부려 내 몸에 악행을 저지르는 것을 내가 알아내었소.

크레온 당신께서 들씌우는 말대로 제가 했다면, 저는 저주받아 죽을 거예요. 그렇다면 신께서 절 결코 축복하지 않고 파멸시키시길!

이오카스테 그를 믿으세요, 오이디푸스! 신께 맹세한 것을 봐서라도! 그리고 저와 당신을 둘러선 이들을 봐서도 그를 존중하세요.

코로스(좌1) (애탄가) 믿으소서. 그리하소서. 신중하소서. 왕이시여! 탄원 하나이다.

오이디푸스 그래, 그대는 내가 무엇을 양보하기를 원하시오?

코로스 지금껏 한 번도 어리석지 않았고, 지금은 맹세로 인해 힘이 생긴 저 사람을 존중하소서!

오이디푸스 그대가 지금 무엇을 요구하는지 알고 있소?

코로스(좌1) 알고 있습니다.

오이디푸스 그렇다면 말해보시오!

코로스(좌2) 자기를 저주하는 맹세까지 한 신성한 친구를 불확실한 추측으로 죄를 씌워 불명예스럽게 쫓아내지 마십시오.

오이디푸스 알아두시오! 그대가 그것을 원한다면, 그대는 내 몰락이나 추방을 원하는 것이라는 사실을!

코로스 신들 중 가장 빠른 헬리오스(태양신)께 맹세코, 아닙니다! 그런 생각을 했다면 저는 신께 버림받고 친구에게 버림받아 비참하게

죽을 것입니다. 시들어가는 나라에 의해 제 영혼은 지칠 대로 지
쳤습니다. 설상가상으로 당신들 때문에 생겨날 재앙까지 겹친다
면, 그 고통을 어떻게 더 감당할 수 있겠습니까?

오이디푸스 그럼 그를 보내시오. 내가 살해되거나 불명예스럽게 추방될
게 확실하지만 말이오. 그가 아니라 그대의 입이 연민을 일으켰
소. 하지만 이자는 어디 있든 미움받을 것이오.

크레온 당신은 화낼 때는 격렬하더니, 어쩔 수 없이 양보하실 때는 비겁
하군요. 그런 영혼은 스스로 견뎌내질 못하지요.

오이디푸스 나를 가만 내버려두고 떠나가지 못하겠나?

크레온 가지요. 지각없는 당신에겐 오해받지만, 이들은 제 결백을 알
지요.

        (크레온 퇴장.)

코로스(우1) 마님! 이분을 왜 집으로 빨리 데려가시지 않습니까?

이오카스테 그 전에 대체 무슨 일인지 알아야겠소.

코로스(우1) 말을 하다가, 불식간에 근거 없는 비방이 말에 섞였습니다.
        하지만 근거 없는 말도 부당한 것을 찌르지요.

이오카스테 그들 둘이 모두 그랬나요?

코로스(우1) 그렇습니다.

이오카스테 무슨 말이었지요?

코로스(우1) 제겐 이미 벅찹니다. 나라가 고통 받는 것으로도 벅차므로,
        다툼이 끝난 그곳에 그 이야기는 그대로인 채 두세요.

오이디푸스 그대가 좋은 의도로써 내 마음을 풀고 되돌리려다, 지금 어

떤 지경에 처하게 되었는지 아시오?

코로스(우2) 왕이시여! 저는 말씀드렸고, 또다시 말씀드리겠습니다. 제
    가 당신을 떠난다면, 저는 지혜롭지 못하고 정신 나간 자로 보일
    겁니다. 당신은 제 사랑스러운 나라가 고통으로 헤매고 있을 때
    올바른 방향으로 정의를 이루셨고, 지금도 우리를 행복으로 인도
    하실 분으로 보이기 때문입니다.

이오카스테 신께 맹세하건대, 왕이시여! 무엇 때문에 그런 분노를 일으
    켰는지 내게도 말해주세요.

오이디푸스 이들보다도 당신을 더 존중하므로, 크레온이 벌인 일을 말
    하겠소. 그가 나를 해치려 일을 꾸몄소.

이오카스테 더 상세히 말씀해주세요. 다툼 속 상대의 잘못을 주장하려
    면요.

오이디푸스 그는 내가 라이오스를 살해했다고 하고 있소.

이오카스테 그가 직접 아는 건가요, 아니면 들어서 아는 건가요?

오이디푸스 그게 아니오. 그가 그 사악한 예언자가 최대한 말을 퍼트릴
    수 있도록 했소. 그 자신은 의심에서 벗어난 채 말이오.

이오카스테 당신은 이제 그 일은 놔두고 절 따르세요. 필멸자 중에는 예
    언자가 없다는 걸 알아두세요. 딱 들어맞는 증거를 제가 보여드
    리지요. 언젠가 라이오스에게 신탁이 내려졌어요. 그와 저 사이
    에 태어난 아들에게 그가 죽을 운명이 기다리고 있다고요. 포이
    보스 님으로부터 온 신탁이라고는 하지 않겠어요. 말하자면 그분
    의 사제들로부터 내려왔지요. 하지만 그를 죽인 것은, 소문에 따

르면, 마차가 다니는 삼거리의 낯선 도둑들이었어요. 한편 라이오스의 아이는 태어난 지 삼 일도 안 돼 다리가 묶인 채, 낯선 손으로 험준한 산에 버리도록 조치가 취해졌지요. 그러니 아폴론께서는 그 아이가 아버지의 살해범이 되지 않게 해주셔서, 라이오스가 매우 두려워했던 말, 아들에게 죽으리라는 말이 잘못되었음을 보이셨죠. 예언자의 말은 이런 식으로 드러났어요. 그러니 구애받지 마세요! 신께서 필요성을 느끼시는 일은 스스로 쉽게 드러내시니까요.

오이디푸스 그 말을 들으니 진정이 되지 않소, 부인! 내 영혼이 당황하고, 생각이 혼란스럽소.

이오카스테 무슨 걱정으로 불길한 말을 하세요?

오이디푸스 라이오스가 삼거리에서 죽었다고 당신에게 들은 것 같소.

이오카스테 그렇게들 말했고, 아직도 떠돌고 있는 말이지요.

오이디푸스 그 운명이 일어난 곳이 어디요?

이오카스테 그 땅은 포키스라 불려요. 두 개의 갈림길이 델피와 다울리아로부터 와서 만나는 길이지요.

오이디푸스 그런 일이 있은 때로부터 얼마나 지났소?

이오카스테 당신이 나라의 통치권을 얻기 직전에 도시에 알려졌어요.

오이디푸스 오, 제우스시여! 당신은 제게 무슨 일을 계획해놓으셨나요?

이오카스테 오이디푸스여, 어째서 그 생각에 그렇게 계속 머물러 계시는 거죠?

오이디푸스 아직 내게 묻지 마시오. 라이오스에 대해 말해주시오. 그는 어떻게 생겼으며, 나이는 얼마나 되었었소?

이오카스테 키가 크고, 흰 머리카락이 머리에 나기 시작했지요. 체구는
당신과 비슷했고요.

오이디푸스 불쌍한 내 신세여! 나는 방금 나 자신을 강력히 저주하고서
도 아무것도 몰랐구나!

이오카스테 무슨 말이세요? 왕이시여! 당신을 보고 있자니 불안해지
네요.

오이디푸스 그 장님 예언자가 장님이 아니었을 수도 있겠다는 생각에
매우 두렵소. 한 가지 더 말해주오. 그러면 더 잘 알려줄 수 있을
것 같소.

이오카스테 무서워요. 그럼에도 물어본다면 아는 대로 대답하겠어요.

오이디푸스 라이오스가 홀로 나갔소, 아니면 국왕처럼 건장한 사내들을
여럿 거느리고 나갔소?

이오카스테 다섯이 전부였어요. 전령 한 명이 함께했고요. 라이오스는
마차 한 대만 몰았지요.

오이디푸스 아아! 분명하구나. 오, 부인이여! 누가 그 말을 전해주었소?

이오카스테 홀로 도망친 하인이요.

오이디푸스 그가 아직 집에 있소?

이오카스테 아니요! 돌아와서 당신이 권력을 잡고 라이오스가 죽었다
는 걸 알고는, 제 손을 잡으며 도시에서 가장 먼 목장, 시골로 보
내달라고 간곡히 부탁했어요. 그래서 그를 보내주었지요. 그 하
인은 더 큰 은혜도 받을 가치가 있었으니까요.

오이디푸스　그에게 빨리 돌아오라고 전할 수 있소?

이오카스테　그럼요. 하지만 왜 그걸 원하죠?

오이디푸스　내가 스스로 너무 많이 말했을까 두렵소, 부인! 그래서 그를 보고 싶소.

이오카스테　그는 올 거예요. 하지만 무엇이 당신에게 해를 끼치는지, 오, 왕이시여! 저도 들을 자격이 있어요.

오이디푸스　불길한 예감이 가슴 깊이 스며들어왔으니 당신에게 숨기지 않겠소. 당신 말고 누구에게 이를 털어놓으며, 이런 운명을 통과하는 데 당신보다 누가 더 중요하겠소? 내 아버지는 코린토스 사람인 폴리보스이고, 어머니는 도리스 출신인 메로페요. 그 운명이 나를 덮치기 전까지 거기서 나는 시민 중 최고로 여겨졌소. 그때 나타난 운명은 놀라웠지만, 내 열심을 끌어낼만한 것은 아니었소. 한 남자가 식사 도중, 와인에 잔뜩 취해, 내가 가짜 아들이라고 말했소. 나는 화가 났지만 어렵게 그 시간을 참았소. 다음 날 어머니와 아버지께 가서 그 말에 관해 물었소. 그분들은 나에게 모욕적인 언사를 행한 자들에게 화를 잔뜩 내셨소. 그것은 나를 기쁘게 했소. 그러나 그 말은 나를 계속 괴롭혔소. 그 말이 널리 퍼졌기 때문이오. 그래서 아버지와 어머니 몰래 퓌토(델포이)를 방문했소. 포이보스(아폴론)께서는 내가 온 용건은 무시하시고, 나를 떠나보내시며, 고통스럽고, 크고, 불행한 것을 말씀하셨소. 내가 어머니와 섞이고, 사람들이 결코 볼 수 없는 자식들을 낳으며, 내게 생명의 씨앗을 심어준 아버지를 살해하리라고 하셨소. 그걸 듣고서 나는 별들을 보고서 그곳과의 거리를 재며 코린토스의 땅에서 달아났소. 내 사악한 신탁이 이루어지는 치욕을 결코 볼 수 없도록 나는 떠돌았소. 그러다가 당신이 말했던, 그 주인이 살해당했다는 지역에 도착했소. 당신께도, 오, 부인! 진실을 말하겠소. 내가 삼거리를 지나갈 때, 당신이 말한 대로, 한 남자를 태운 전령이 작은 마차를 타고서 나와 마주쳤소. 그 마부와 나이께나 먹은 사람이 강제로 나를 길에서 떠밀었소. 나는 화가 나, 마차를 몰던 마부를 가격했소. 그러자 그 나이 먹은 사람이 마차 옆을 지나가는 나를 보고서, 끝에 침이 박히고 두 갈래로 된 짐승몰이 막대기로 내 머리를 가격했소. 하지만 그는 자신이 한 만큼 이상을 당했소. 재빨리 타격하는 이 손의 지팡이에 맞아, 그는 마차에서 거꾸로 굴러 떨어졌소. 나는 그들 모두를 죽였소. 그 낯선 자가 혹시 라이오스와 혈연관계였다면, 나보다 비참한 자가 어디 있겠소? 나보다 더 신들께 미움을 받는 자가 누가 있겠소? 어떤 이방인, 어떤 도시인도 날 집에 들여서는 안 되고, 아무도 나에게 말을 걸어선 안 되고, 모두들 나를 집에서 내쫓아야 하니 말이오. 이 저주는 다른 이가 아닌 내가 스스로 내렸소. 그를 죽인 손으로 나는, 망자의 혼인침대까지 더럽히고 있소. 나는 진정 사악한 본성을 가지고 태어나지 않았소? 철저히 더러운 존재가 나 아니냔 말이오. 내가 추방되어야 한다면, 추방된 뒤론 내 가족을 봐서도 안 되고, 조국(코린토스)으로 돌아가는 것도 허용되지 않는 자일 테니 말이오. 그렇게 하지 않으면, 나는 어머니와 잠자리를 하게 되고, 나에게 생명의 씨앗을 주시고 길러주신 아버지 폴리보스를 살해할 테니 말이오. 누구든 내게 일어난 이 일을, 잔혹한 신들에 의한 것이라고 말한다면 그는 옳은 판단을 내리고 있는 것이 아니겠소? 오, 깨끗하고 신성한 빛의 신이시여! 결코, 결코, 내가 그 날을 보지 않게 하소서! 그런 치욕으로 내 몸이 더럽혀지기 전에, 차라리 이 세상 사람들 사이에서 사라지고 싶습니다.

코로스 왕이시여, 우리는 무섭습니다. 하지만 목격자에게 듣기 전까지는 희망을 가지십시오.

오이디푸스 이제 내게 희망은 오로지 그자, 양치기를 기다리는 것뿐이오.

이오카스테 그가 나타나면 어쩌실 건가요?

오이디푸스 그가 당신 말대로 말했다는 게 밝혀지면, 나는 고통을 피할 수 있소.

이오카스테 무슨 특별한 말을 제게서 들으셨나요?

오이디푸스 도적떼가 그를 죽였다고 말했잖소. 그가 지금도 같은 숫자를 말한다면, 내가 그를 죽인 게 아니오. 한 명이 여럿일 수는 없으니까. 그러나 동행 없는 단 한 명이 죽었다고 그가 말한다면, 그 행위는 분명히 내게 기울어지오.

이오카스테 알아두세요. 그 말은 명백해요. 이를 뒤집을 수는 없어요. 저만이 아니라 온 도시가 들었어요. 하지만 왕이시여! 그가 옛날에 했던 말에서 조금 벗어나 말하더라도, 예언과 딱 그대로임을 증명하진 않아요. 록시아스께서는 그이가 '내 아이에게 죽임을 당하리라'고 말씀하신 게 분명하니까요. 그 불행한 아이는 그이를 죽이지 않았을 뿐 아니라, 먼저 죽어버렸죠. 그러니 앞으로 저는 예언에서 아무것도 찾지 않을 거예요.

오이디푸스 좋은 생각이오. 그 일꾼에게 사람을 보내시오. 그 일을 놔두지 마시오!

이오카스테 신속히 보낼게요. 우리는 들어가요. 나는 당신이 싫어하는 일은 하지 않을 거예요.

(오이디푸스와 이오카스테 퇴장.)

코로스(좌1) 천상의 존재들이 규정한 법에 따라 나의 말과 행위가 경건하고, 운명이 나와 함께 하기를! 그 법은 하늘의 에테르(신들이 사는 곳의 물질로, 신들이 숨 쉬는 일종의 순수한 공기다.)에게서 태어났으니, 올림포스가 유일한 아버지이고, 필멸의 존재인 인간의 본성이 낳지 않았으며, 결코 망각하거나 잠들지 않네. 법 가운데서 신께서는 위대하시고 노쇠하지도 않으시네.

코로스(우1) 오만은 폭군을 낳네. 오만은 허영심으로 가득 차서, 때에 맞지 않고 유익하지도 않은 것의 꼭대기에 올랐다가, 두 발을 쓸 수 없는 가파른 필연으로 떨어지네. 유익한 발도 거기서는 쓸모가 없다네. 하지만 도시에 유익한 경쟁은 신께서 없애버리지 않으시기를 비네. 나는 신을 언제나 보호자로 여길 것이네.

코로스(좌2) 누구든 정의를 두려워하지 않고 신들의 권좌를 존경하지 않아 교만하게 행동하거나 법을 두려워하지 않고 말한다면, 불운한 교만 때문에 나쁜 운명이 그를 낚아채리라. 불손한 과시 때문에 이익을 정당하게 얻지 않고, 손대지 말 것에 어리석게도 손댄다면, 어떤 사람이 신의 화살로부터 맘 편히 숨으며 영혼을 지킬수 있으리오. 그런 행실들이 존경받는다면, 나는 무엇을 위해 노래하겠는가.

코로스(우2) 만일 신탁이, 모든 필멸자들에게 분명히 들어맞는 것으로 드러나지 않는 이상, 더는 경외심을 가지고 땅의 배꼽(델포이)으로도, 아바이(포키스 북서쪽의 도시. 아폴론의 신전이 있던 곳.)에 있는 신전으로도, 올림피아(제우스 등의 신전이 있는 곳.)로도 더는 가지 않으리. 오, 위대한 분이시여! 당신을 그렇게 부르는 것이 옳다면, 제우스, 세상의 지배자시여! 그것이 당신과 당신의 영원한 지배로부터 숨지 못하도록 해주소서. 라이오스에게 내렸던 옛 신탁이 벌써 훼손되고 있습니다. 아폴론의 영광은 어디에도 드러나지 않고, 신적인 것은 불행히도 사라지고 있습니다.

4막/1장
이오카스테, 사신1, 코로스, 이후 오이디푸스

이오카스테 이 땅의 원로들이여! 내겐 신들의 신전에 월계관과 향료를 들고 가야겠다는 생각이 들었습니다. 오이디푸스께서 온갖 고통으로 스스로를 지나치게 자극할 뿐, 이성적인 사람답게 새 일을 옛 일에 비추어서 판단해야 하거늘, 그러지 않고 두려움을 내뱉는 사람의 손 안에 사로잡혀 있으니 말입니다. 제 조언으로는 아무것도 할 수 없습니다. 오, 뤼케이오스 아폴론이시여! 가장 가까이에 계시는 당신께 경의를 표하고 제물을 바치며 탄원하오니, 이 땅을 오염시킨 것으로부터 깨끗케 할 해결책을 우리에게 주소서. 배의 키잡이인 그가 당혹해하고 있어, 그를 바라보는 우리 모두 두렵사옵니다.

(코린토스에서 온 사자 등장.)

사신1 오, 이방인들이여! 통치자 오이디푸스의 집이 어디인지 알 수 있겠소? 가능하다면 그분이 어디 사는지 알려주시오.

코로스장 그 집은 여기요. 그분은 안에 있소, 이방인이여! 이 분은 그의 부인 그리고 어머니라오, 그의 자식들의!

사신1 아, 그러시다면 당신은 그분의 온전한 배필이시니, 유복한 이들과 함께 언제나 유복하시길!

이오카스테 오, 이방인이여. 당신도 그러하길! 당신은 좋은 말을 하였기에 그럴 자격이 넉넉하오. 그런데 말해주시오. 무슨 부탁, 무슨 소식을 가지고 온 것이오?

사신1 당신의 집안과 남편에게 좋은 소식입니다, 부인이시여!

이오카스테 무슨 소식이죠? 누가 당신을 이리로 보내셨지요?

사신1 코린토스에서 왔습니다. 제 말에 기뻐하실 겁니다. 어찌 안 그러겠습니까? 슬프시게 할 수도 있지만요.

이오카스테 그게 무엇입니까? 두 가지 상반된 힘을 가진 하나의 말이라니, 도대체 무슨 말이기에 그렇단 말이오?

사신1　이스트모스(코린토스 지협의 한 부분)의 사람들이 그분을 그곳의
　　　왕으로 세우고자 합니다.

이오카스테　뭐라고요? 연로한 폴리보스께서 더 이상 통치하지 않으신
　　　단 말씀입니까?

사신1　이젠 아닙니다. 죽음이 그분을 무덤에 잡아놓고 있으니까요.

이오카스테　뭐라 했소, 노인장! 폴리보스께서 돌아가셨다고 하셨소?

사신1　제 말이 진실이 아니라면 죽어야 마땅할 것입니다.

이오카스테　오, 시녀야! 주인님께 얼른 말씀드리도록 하여라. 오, 신들
　　　의 예언이여! 너희는 어디 있는가? 오이디푸스는 그 남자를 죽이
　　　게 될까 두려워 오랫동안 피해 다녔거늘, 이제 그는 오이디푸스
　　　때문이 아니라 자연에 의해 죽지 않았는가?

　　　(오이디푸스 등장.)

오이디푸스　오, 사랑하는 부인, 이오카스테여! 무슨 일로 나를 집에서
　　　불러냈소?

이오카스테　이 분의 말을 듣고, 신의 그 높은 예언이 어디로 갔는지 찾
　　　아보세요.

오이디푸스　이 사람은 누구고, 내게 전할 말이 뭐라는 거요?

이오카스테　그는 코린토스에서 온 사람이에요. 당신의 아버지 폴리보스
　　　께서 더 이상 살아계시지 않고 돌아가셨다는 걸 알리러 왔대요.

오이디푸스　뭐라고? 이방인이여! 당신이 내게 직접 밝히시오!

사신1　이 소식부터 먼저 분명히 알려야 한다면, 알려드리겠습니다. 그
　　　분께선 죽음과 함께 떠나셨습니다.

오이디푸스 음모에 의해 돌아가셨소? 병으로 돌아가셨소?

사신1 노쇠한 몸은 조금만 기우뚱해도 멈추고 잠드는 법이지요.

오이디푸스 보아하니, 가련한 그 노인께선 병에 걸려 돌아가신 것 같구려.

사신1 그렇습니다. 그리고 긴 세월을 지나오셨기 때문이기도 하고요.

오이디푸스 오, 부인! 이제 누가, 다시금 예언자의 화로나 지저귀는 새들에게 물어보겠소? 그들 생각으로는 이미 죽어 지하에 잠든 아버지를 내가 죽였어야 했소. 하지만 여기 내 창은 깨끗하오. 혹시 그분께서 나를 그리워하시다가 돌아가셨다면, 뭐 나 때문이라고 한 말도 일리가 있겠지만 말이오. 하지만 폴리보스는 아무 가치도 없는 예언들도 함께 데려가, 하데스 곁에 누워 계시거늘!

이오카스테 내가 진작 말하지 않았어요?

오이디푸스 당신이 그랬지. 하지만 나는 공포에 이끌려 곁길로 빠졌고.

이오카스테 이제 그런 일일랑 아예 마음에서 싹 지우세요.

오이디푸스 무슨 말이요! 그렇다고 내 어찌 어머니의 침대를 두려워하지 않을 수 있겠소.

이오카스테 사람이 어째서 두려워해야 하죠? 운수가 그를 지배할 뿐, 그 어떤 일에도 확실한 예견은 없어요. 되는 대로 하루하루를 사는 것이 최상이에요. 그러니 당신은 어머니와의 결혼을 두려워하지 마세요! 필멸자인 인간들 중 이미 많은 사람들이 꿈에서도 자신의 어머니와 동침하니까요. 이런 것을 아무렇지 않게 여기는 사람이야말로 삶을 가장 가볍게 짊어지지요.

오이디푸스 어머니께서 돌아가셨더라면 당신의 말은 좋았을 것이오. 그러나 그분이 살아계시는 동안엔, 당신 말이 옳음에도 불구하고 두려워하는 것이 필요하지 않을 수 없소.

이오카스테 그럼에도 아버지의 무덤은 큰 위안이지요.

오이디푸스 정말 크지요. 하지만 살아있는 여인이 나는 두렵소.

사신1 어떤 여인을 그렇게 두려워하시는지요?

오이디푸스 폴리보스의 아내 메로페이지요, 노인장!

사신1 무엇 때문에 그분이 당신들의 두려움이 되신 거죠?

오이디푸스 신께서 내린 예언의 힘이네, 이방인이여!

사신1 다른 사람이 알아도 되는 일입니까? 아니면 알아선 안 되는 일입니까?

오이디푸스 물론, 괜찮소. 록시아스께서 내게 말씀하신 적이 있소. 내가 어머니와 섞이고, 내 손으로 아버지의 피를 빼앗으리라고 말이요. 그래서 나는 오래 전에 코린토스로부터 멀리 도망쳐 나왔다오. 행운이 있기도 했지만, 그래도 사랑스러운 분의 눈을 보는 것이 가장 행복한 일일 텐데 말이오.

사신1 정말 그 두려움 때문에 그곳을 떠나 살고 계시다는 말씀입니까?

오이디푸스 그리고 아버지의 살해범이 되지 않기 위해서였소, 노인장!

사신1 제가 좋은 의도를 품고 와, 왕이시여, 당신을 그 두려움으로부터 해방시키지 않았습니까?

오이디푸스 당신은 그에 상응하는 감사를 받을 것이오.

사신1 무엇보다도 그것 때문에 제가 이곳으로 왔습니다. 당신께서 고향

에 돌아오셨을 때, 저에게 좋은 일이 있지 않을까하는 마음에서
온 것이지요.

오이디푸스 하지만 나는, 결코 나를 낳은 분 곁에서 살지는 않을 것
이오.

사신1 오, 아들이여! 당신은 지금 무슨 행동을 하는지 모르시는 게 분명
하군요.

오이디푸스 무슨 말이시오? 신께 맹세하건대, 노인장, 말해보시오!

사신1 그분들 때문에 당신이 집에 돌아가는 걸 피하려 하신다면 말입
니다.

오이디푸스 포이보스가 내게 말씀하신 신탁이 분명해질까 두렵다오.

사신1 어버이 때문에 치욕 속에 있지나 않을까 해서 꺼려하십니까?

오이디푸스 그렇다오, 노인장! 그것이 나를 늘 두려움 속에 있게 한
다오.

사신1 그렇다면, 당신은 아무 것도 아닌 일을 가지고 두려워한다는 것
을 아십니까?

오이디푸스 무슨 소리요? 그게 왜 아무 일도 아니란 말이오. 내가 그 어
버이의 아이로 태어났다면!

사신1 폴리보스는 당신과 뿌리가 같지 않습니다.

오이디푸스 무슨 말을 하는 거요? 폴리보스께서 나를 낳지 않으셨단 말
이오?

사신1 저보다 조금도 더는 아닙니다. 꼭 저만큼이라고 할 수 있지요.

오이디푸스 어째서? 아버지는 누구와도 같지 않은데?

사신1 폴리보스께서도 아버지가 아니고, 저도 아버지가 아니니까요.

오이디푸스 그럼 무엇 때문에 그분께선 나를 아들이라 칭했지?

사신1 분명히 아시기 바랍니다. 그분께서는 제 손에서 당신을 선물로
        받으셨답니다.

오이디푸스 다른 손에서 얻은 나를 어떻게 그리 사랑하실 수 있단 말
        이오?

사신1 그때까지 그분은 자식이 없었지요. 그래서 그토록 사랑의 마음이
        생겨났던 겁니다.

오이디푸스 그분께 나를 건넬 때, 당신은 나를 샀소? 아니면 주웠소?

사신1 키타이론산의 숲이 우거진 골짜기에서 주웠습니다.

오이디푸스 당신은 그 곳을 무슨 일로 지나게 되었소?

사신1 그곳 산에 있는 가축을 돌보고 있었습니다.

오이디푸스 그러니까 당신은 양치기였단 말이군. 품팔이를 하기 위해
        떠도는 양치기!

사신1 하지만 아들이여! 그때 저는 당신의 구원자였습니다.

오이디푸스 당신이 나를 품에 안았을 때, 내게 어떤 고통스런 일이 있
        었지?

사신1 당신의 발이 증언할 것입니다.

오이디푸스 오오! 이 오래된 고통을 어째서 당신은 들먹이오?

사신1 제가 당신의 발이 꿰매져 묶인 것을 풀어드렸습니다.

오이디푸스 나는 포대기에 싸여있을 때부터 불길한 치욕을 가져왔었
        구나!

사신1 그 일로 당신의 이름이 지어졌답니다.

오이디푸스 신께 맹세코! 어머니가 그랬소? 아버지가 그랬소? 말하
　　　　　시오!

사신1 저는 잘 모릅니다. 제게 당신을 준 자가 알 것입니다.

오이디푸스 나를 직접 찾은 게 아니란 말이오? 나를 다른 사람으로부터
　　　　　받았다는 거요?

사신1 예! 다른 양치기가 제게 당신을 주었습니다.

오이디푸스 그가 누구요? 내게 말해줄 수 있소?

사신1 사람들은 그가 라이오스의 신하라고들 했습니다.

오이디푸스 과거 이 땅의 주인이었던 분 말이오?

사신1 그렇습니다. 그 사람은 그분의 양치기였습니다.

오이디푸스 그는 아직 살아있나요? 만나볼 수 있나요?

사신1 이 나라 사람인 당신들이 더 잘 아시겠지요.

오이디푸스 지금 여기 있는 여러분들 중에서 이 노인이 말하는 양치기
　　　　　를 아는 사람이 있소? 들녘에서든 이곳에서든 그를 본 사람 어디
　　　　　없소? 밝히시오. 이제 그것이 밝혀질 때이니!

코로스장 이미 당신께서 만나고 싶어 시골로 사람을 보내 부르셨던 사
　　　　　람이, 바로 그 사람인 듯합니다. 여기 계신 이오카스테 님께서 가
　　　　　장 잘 아시겠지요.

오이디푸스 부인, 우리가 심부름꾼을 보내 부른 자를 알고 있소? 그가
　　　　　그 사람이오?

이오카스테 이 사람이 말한 자가 누구면 어떤가요? 거기에 이끌리지 마

세요! 그리고 뭐라 하든, 너무 심각하게 생각하지 마세요.

오이디푸스 어떻게 그럴 수 있겠소. 이런 단서가 나왔는데도 내가 내 혈통을 밝히려 들지 않는다는 건 있을 수 없소.

이오카스테 신들께 맹세코, 안 돼요! 당신의 삶을 조금이라도 아낀다면 찾지 마세요. 나는 이미 충분히 고통스러워요.

오이디푸스 기운 내시오! 내 어머니가 삼대째 노예였다는 게 밝혀지더라도, 당신은 비천한 가문으로 밝혀지지 않을 것이오.

이오카스테 그렇더라도 절 따르세요. 부탁이에요. 더는 파고들지 마세요!

오이디푸스 나는 그럴 수 없소. 더 분명히 알아야겠소.

이오카스테 나는 좋은 마음으로 당신 편에 서서 최선을 말씀드리는 거예요.

오이디푸스 그 '최선'이 아까부터 나를 줄곧 괴롭히고 있소.

이오카스테 오, 불쌍한 분! 자신이 누구인지 영원히 모르기를!

오이디푸스 누가 나를 위해 그 양치기를 데려오겠소? 이 여인은 부유한 뿌리를 즐기도록 내버려두시고.

이오카스테 아아, 불행한 분! 내가 할 수 있는 말은 이 말뿐! 앞으로도 나는 다른 말은 할 수 없으리라.

(이오카스테 집으로 퇴장.)

코로스장 오이디푸스 님, 어째서 당신의 부인께서는 저리 격렬한 고통으로 뛰쳐나가셨을까요? 두렵습니다. 이 고요에서 재앙이 터져나오지 않을까 하는 마음입니다.

오이디푸스 될 대로 되게 그대로 두시오. 하지만 나는 내 근원을, 그것
이 아무리 보잘 게 없더라도 내 눈으로 봐야겠소. 틀림없이 그녀
는, 여인들이 그렇듯 자부심을 가졌으니까, 내 미천한 출생을 부
끄러워할 것이오. 하지만 나는 스스로를 천운을 타고난 행운의
아들로 여기기에 모욕당하지 않을 것이오. 행운의 여신이 내 어
머니이기 때문이오. 그리고 내 형제인 달님이 나를 미천하게도,
또 위대하게도 나를 정해놓았소. 그게 내 태생이니, 내가 다르게
는 결코 될 수 없소. 그러니 내가 누구인지 완전히 알아내기 전에
는 그만두지 않을 것이오.

코로스(좌) 내가 예언의 능력이 있고 생각이 지혜를 갖추고 있다면, 오,
키타이론이여! 올림포스에 맹세코, 그대는 내일 보름달에는 반
드시 알게 될 것이오. 오이디푸스 님께서 그대를 동향인이자, 유
모이자 어머니로 높인 것을! 그리고 우리는 춤추고 노래하며 그
대를 기린다는 것을! 그대가 우리의 통치자에게 큰 호의를 베풀
었기 때문이라오. 우리가 기도하는 아폴론이시여, 이것이 마음에
드시길!

코로스(우) 아이여, 누가 그대를 낳았는가? 오래 사는 요정들인가? 누군
가가 산을 배회하는 판신(위는 사람, 아래는 염소 꼴인 자.)에게 접
근해 낳았는가? 아니면 록시아스의 여인 중 하나가 그대를 낳았
는가? 록시아스는 꼴을 키워 먹이는 고원을 사랑하니까. 아니면
퀼레네의 지배자(헤르메스를 가리킨다.)인가? 그도 아니면, 높은
산꼭대기에서 사는 박코스신께서 그대를 선물로 받으셨는가?

그가 가장 잘 어울려 노는 헬리콘산의 요정에게서 그대를 받았는가?

4막/2장
오이디푸스, 코로스, 사신1, 하인

오이디푸스   원로들이여! 그와 대면한 적은 없지만, 추측하건대, 우리가 오래 찾은 그 양치기가 보이는 것 같소. 그가 이 사신만큼 나이가 든 것 같고, 그를 이끌고 오는 자들은 내 하인들이니 말이오. 그러나 당신들의 지식으로 날 도와주시오. 당신들은 이미 그 양치기를 본 적이 있을 테니 말이오.

코로스   저 자를 잘 압니다. 분명 그 사람입니다. 라이오스께 충성스러웠던 하인이었고, 믿을 만한 양치기입니다.

오이디푸스   코린토스의 이방인이여! 당신에게 먼저 묻겠소. 이 사람을 말한 것이었나요?

사신1   당신께서 보시는 자가 바로 그 사람입니다.

오이디푸스   노인이여! 여길 보고 내가 묻는 것에 답해주게. 당신은 전에 라이오스의 하인이었나?

하인   그분의 하인이었습니다. 하지만 팔려온 노예가 아니라 그 집에서 길러졌습니다.

오이디푸스   어떤 일을, 아니 어떤 가축을 돌봤는가?

하인   평생 가축 떼를 돌보았습니다.

오이디푸스 어디에서 주로 살았나?

하인 키타이론과 그 주변이었습니다.

오이디푸스 그렇다면 이 남자를 어디에서 보았는지 알고 있는가?

하인 그가 무엇을 했는지 보았냐는 겁니까? 대체 누구를 말하시는 겁니까?

오이디푸스 여기 있는 이 사람 말이네. 그와 함께 어떤 일을 한 적이 있는가?

하인 바로 생각나지 않아, 뭐라 말씀드리기 힘드네요.

사신1 놀랄 일은 아닙니다. 주군이시여! 그러나 저는 기억합니다. 그가 낯설어하니, 제가 그로 하여금 기억하게 하지요. 그도 우리가 키타이론산에 머무를 때를 잘 기억할 것입니다. 그가 두 무리의 가축 떼를, 제가 한 무리의 가축 떼를 쳤는데, 함께 봄부터 가을까지 반년씩 삼 년 동안 보냈습니다. 겨울이 되면 저는 제 가축 떼를 제 외양간에, 그는 라이오스의 외양간에 몰아넣었지요. 내가 진실을 말하오, 아니면 없던 일을 지어서 말하는 거요?

하인 당신은 진실을 말하고 있소. 오래된 일이기는 하지만.

사신1 자, 그럼 말해주시오. 그때 당신이, 내가 돌보고 기르도록 한 아이를 주었던 일을 기억하지요?

하인 무슨 말을 하는 거요? 무엇 때문에 그런 얘기를 하는 거요?

사신1 오, 친구여! 그때 어렸던 그 아이가 바로 저 분이라네.

하인 땅속으로 꺼져 버려라! 그 주둥이 다물지 못하겠나?

오이디푸스 오, 노인장! 그를 책망하지 마시오. 당신의 말이 그의 말보다 더 많은 책망을 받아야 할 듯싶소.

하인 가장 훌륭한 주군이시여! 제가 무엇을 잘못했나요?

오이디푸스 이 사람이 묻고 있는 아이에 대해 말하지 않았네.

하인 그는 생각 없이 허튼 소리를 지껄이고 있습니다.

오이디푸스 좋게 말할 때 말하지 않으면, 울면서 말할 것이네.

하인 신들께 맹세코, 아닙니다. 이 늙은이를 학대하지 마소서.

오이디푸스 저자의 손을 어서 묶지 못하겠나!

하인 불행한 분! 어째서, 무엇을 알려고 하십니까?

오이디푸스 이 사람에게 그 아이를 주었나?

하인 주었습니다. 그날 내가 죽어버렸더라면!

오이디푸스 이실직고하지 않으면 그렇게 될 것이다.

하인 하지만, 말씀드리면 저는 더 확실히 파멸하고 말 것입니다.

오이디푸스 보아하니, 이 자는 시간을 끌려고 하는구나!

하인 아닙니다. 제가 건네주었다고 이미 말씀드렸잖습니까?

오이디푸스 어디에서 받았나? 네 아이였나, 다른 사람의 아이였나?

하인 제 아이가 아니라, 누군가로부터 받았사옵니다.

오이디푸스 이 백성들 중 누구에게서, 어느 집에서 받았나?

하인 신들께 맹세코, 더 이상 묻지 마십시오. 주인님!

오이디푸스 다시 묻게 하면 넌 죽는다.

하인 그러시다면 …… 라이오스 님의 집에서 났습니다.

오이디푸스 하인이 낳았나? 아니면 그분의 혈족인가?

하인 오오! 그 끔찍한 일을 스스로 말해야 하는구나.

오이디푸스   나도 듣기 무서운 진실 앞에 이르렀다. 그럼에도 들어야
         한다.

하인   그분의 아들이라고들 했습니다. 안에 계신 주인님의 부인께서 가
      장 잘 설명드릴 것입니다.

오이디푸스   그녀가 그대에게 주었나?

하인   네, 왕이시여.

오이디푸스   어찌하라고?

하인   저더러 그 아이를 죽이라고 했습니다요.

오이디푸스   제가 낳은 자식을 어찌 그럴 수 있단 말인가?

하인   사악한 예언이 두려워서였습니다.

오이디푸스   어떤 예언이었는가?

하인   그 아이가 부모를 죽일 것이라는 예언이었사옵니다.

오이디푸스   그대는 어째서 아이를 이 노인에게 넘겼는가?

하인   오, 주인님! 가엾어서 그랬습니다. 저는 타국에서 온 이 자와 함
      께 타국으로 보낼 수 있으리라 생각했습니다. 그런데 그는 가장
      끔찍한 고통을 겪도록 당신을 구했습니다. 이 자가 말하는 아이
      가 주인님이라면 주인님께선 불행하게 태어나셨습니다.

오이디푸스   오오, 오오! 모든 게 이루어질 수밖에 없었구나, 분명히! 오,
         빛이여! 너를 마지막으로 보는구나! 태어나지 말아야 했던 사람
         으로부터 태어났고, 함께 살지 말아야 했던 사람과 함께 살았고,
         죽여서는 안 되는 사람을 죽였구나!

         (퇴장.)

코로스(좌1) 오오! 그대, 필멸의 종족 인간들이여! 나는 너희 생명들을 그림자 같이 헤아리는도다! 겉보기에 행복하다가도, 금세 기울어 사라져버리는 것 이상의 행운을 얻은 인간이 그 누구란 말인가? 오, 불쌍한 오이디푸스여! 당신의 본보기와 당신의 운명을 보았으니, 내 필멸의 인간 중 누구도 행복하다고 찬양하지 않으리라!

코로스(우1) 당신은 남들보다 빼어난 솜씨로 쏘아 맞히고, 빠질 것 없이 행복한 영화를 누렸지요. ─ 오, 제우스시여! ─ 그리고 굽은 발톱을 가진 예언하는 처녀(스핑크스)를 죽여, 우리 땅을 위해 죽음을 막아주는 탑으로 일어섰지요. 그때부터 당신은 나의 왕이라 불리며, 드넓은 테바이를 통치하셨고, 최고의 존경을 한 몸에 받았습니다.

코로스(좌2) 허나 이제 당신보다 더 비참한 자 그 누구이리요! 고통과 사나운 인생의 부침 속에 있는, 당신보다 더한 재앙 속에 있는 자 그 누구이리요! 오오! 명성 높은 오이디푸스여! 한 항구가 거대하게 넓어, 아들이자 아이들의 아버지인 신랑을 빠뜨릴 정도로 컸구나. 도대체 어떻게, 어떻게 아버지가 씨 뿌린 밭고랑이, 불쌍한 분 당신을 받아들여 침묵 속에 견딜 수 있었는가?

코로스(우2) 모든 것을 보는 시간은 원치 않게 당신을 발견했네. 낳은 자와 태어난 자가 하나인 결혼 아닌 결혼을 저주로 심판하네. 오오! 라이오스의 아들이여! 내가 당신을, 당신을 보지 않았더라면! 나는 비탄하고 입으로 만가를 뱉어내네. 그러나 사실을 말하자면,

당신으로 인해 나는 숨을 쉴 수 있게 되었고 눈도 잠재웠네.

5막/1장
사신2, 코로스

사신2 오, 이 땅에서 언제나 가장 존경받는 분들이여. 여러분께서 한 종
족으로 여겨 아직도 랍다코스(라이오스와 오이디푸스의 조상)의 집
안에 걱정을 베푼다면, 어떤 일을 듣고 보고, 어떤 비탄을 내뱉을
것인가? 생각건대 이스트로스(도나우강)나 파시스(흑해로 들어오
는 강)조차 이 가문을 정화하지 못할 것입니다. 이 집은 그만큼 많
은 것을 감추고 있고, 의도했든 의도하지 않았든, 숨긴 불행들은
곧 빛에 드러날 것입니다. 불행은 스스로 선택한 자해였다는 게
드러날 때 가장 고통스럽지요.

코로스장 무엇이 더 남아 있단 말인가? 우리가 아는 것만으로도 탄식조
차 못하겠거늘, 무엇을 더 알고 있는가?

사신2 말하고 듣기에 가장 간단한 말로 하자면, 아름다운 이오카스테께
서 돌아가셨습니다.

코로스장 불행한 분! 대체 어떻게?

사신2 그분께선 자결하셨습니다. 하지만 여러분께서는 그걸 보지 않으
셨으니, 가장 참담한 일에선 멀찌감치 떨어져 있던 셈이지요. 그
래서 생각나는 대로 그분의 고통을 알려드리겠습니다. 그분은 미
친 듯 안마당으로 뛰어 들어오셔서, 신부 침대로 달려가 손으로

머리카락을 뜯으셨습니다. 방문을 잠그시고서는, 죽은 지 오래인 라이오스를 부르시며, 오래 전 낳은 그 아이를 생각하셨습니다. 그 씨앗 때문에 라이오스께서는 돌아가시고, 어머니는 남겨져 아들과 함께 불행한 자식을 낳았지요. 불행한 여인은 남편으로부터 남편을, 자식으로부터 자식을 낳았던 침대, 이중의 결혼을 저주하셨습니다. 하지만 그분께서 어떻게 돌아가셨는지는 모릅니다. 오이디푸스께서 소리지르며 뛰어들어와 우리의 시선을 돌렸기 때문입니다. 우리는 그분이 어쩔 줄 몰라 하는 것을 보았습니다. 그분은 왔다 갔다 하면서, 우리에게 창을 건네라고 하셨습니다. 그분은 자신의 부인이자 부인이 아닌, 자신의 어머니이자 자신의 자식들의 밭을 찾으셨습니다. 실성한 그분께, 신들 중 한 분이 가르쳐주었습니다. 그곳에 있던 우리들은 누구도 가르쳐주지 않았으니까요. 그분은 누군가의 인도를 받은 양, 문으로 돌진해 이중의 문을 차서, 자물쇠를 뜯어내어 방 안으로 뛰어드셨습니다. 그곳에서 우리는 목을 매단 부인을 보았습니다. 그녀는 밧줄에 꼬여 있었습니다. 그분께서 그녀를 보시곤, 울부짖으며 매달린 줄을 푸시고는 불쌍한 그녀를 바닥에 누이셨습니다. 그때 끔찍한 광경이 펼쳐졌습니다. 그분은 부인의 옷에 장식되어 있던 금색 브로치를 뜯어내어 핀을 열고, 그것으로 자신의 밝은 두 눈을 찔렀습니다. 그러고는 말씀하셨지요. "이 눈들은, 내가 저지른 것이든 당한 것이든 악행을 보지 말지어다! 너희들은 보지 말아야 할 것들을 보고, 알아보아야 할 것들은 알아보지 못했으니, 앞으로는 어둠 속에 있으리라!" 그렇게 저주하며 자신의 눈을 여러 번 계속 찔렀습니다. 피에 물든 눈알은 수염을 물들였습니다. 암살당할 때처럼 방울방울 흐르지 않고 검게 우박비처럼 쏟아졌습니다. 이런 것이 두 눈에서 터져 나왔습니다. 그분들이 지난날에 누린 유복함은, 이전에는 진정 유복함이었습니다. 하지만 지금, 오늘엔, 한숨, 방황, 죽음, 치욕일 뿐이고, 불행한 것들 중 빠진 게 하나도 없을 정도입니다.

코로스장 불쌍하신 분께선 불행 속에서 조금 진정되었나?

사신2 그분께선 빗장을 열라고 소리치고 계십니다. 아버지를 살해하고, 말해서는 안 되는 불경한 짓을 어머니와 한 자를 모든 카드모스 인들이 알도록 하라고요. 그분은 저주받은 자신에 의해 집도 저주받는 일이 있어서는 안 된다며, 스스로를 땅에서 추방하라고 하셨습니다. 하지만 그분에게는 그럴 힘도 없고, 또 그분을 이끄는 사람이 필요합니다. 그분이 겪고 있는 질병은 견디기에는 너무나 크기 때문이지요. 저기를 보세요. 그분이 보이는군요. 문의 빗장이 열리고 있어요. 적대자조차 연민을 가질 정도로 끔찍한 광경을 여러분은 볼 것입니다.

(오이디푸스가 아이의 인도를 받으며 집에서 나옴.)

5막/2장

코로스, 오이디푸스, 이후 크레온

(애탄가)

코로스 오, 사람이 차마 볼 수 없는 고통이여! 오, 이 끔찍함이여! 불쌍
       한 분, 어떤 광기가 당신을 덮쳤습니까? 어떤 신적 존재가 인간의
       힘을 넘어선 도약으로 당신의 삶을 치명적인 운명으로 이끌었습
       니까? 아아! 불쌍한 분! 많은 것을 물어보고, 많은 것을 알아보고,
       많은 것을 살피고 싶지만, 당신을 보지는 못하겠습니다. 당신은
       저를 몸서리치게 만듭니다.

오이디푸스 오오오! 오오오! 나 불쌍한 자여! 나, 가련한 나, 땅 위 어디
       로 실려가는가? 목소리는 어디로 흩어지는가? 오! 운명이여! 너
       는 어디로 뛰어갔는가?

코로스 공포스럽고, 듣기에도 보기에도 끔찍한 곳으로요.

오이디푸스 오! 밤 구름이여! 너 공포스럽고, 물결치고, 형언할 수 없고,
       통제 불가능하고, 제압할 수 없는 운명의 구름이여! 오오! 저 가
       시달린 몰이 막대기, 내몰림과 불행의 기억이 나를 일시에 꿰뚫
       는구나!

코로스 이런 불행 속에선 탄식에 탄식을 더하고, 절규에 절규를 더한다
       하더라도 놀랍지 않지요.

오이디푸스 오, 친애하는 이여! 나를 이끈 자여! 그대는 아직 내 곁에 남
       아 있구나! 지금 나를 견디고 있구나. 맹인을 보살피고 있구나.

아아! 어둠 속에서도 그대의 목소리를 알아들으니, 그대는 내게
서 숨겨지지 않는구나.

코로스 오, 끔찍한 일을 한 분이시여! 어찌하여 자기 눈을 더럽히셨습니
까? 어떤 신적 존재가 당신을 부추겼습니까?

오이디푸스 오, 친애하는 이들이여! 여기 내 고통을, 이런 불행을 이루
신 분은 아폴론, 아폴론이었소! 하지만 내 두 눈을 찌른 손은, 다
른 누구의 것도 아닌 내 손이었소. 보아도 즐거운 것이 없는데,
나 고통받는 자가 봐야할 것이 대체 뭐겠소?

코로스(좌2) 말씀하신 그대로입니다.

오이디푸스 대체 내가 무얼 보고 사랑하겠으며, 어떤 친절한 말을 듣겠
소? 친애하는 이들이여! 나를 이곳에서 어서 내쫓으시오. 오, 친
애하는 이들이여! 아무 쓸모없는, 저주받은, 그리고 인간들 중 신
들께 가장 미움 받는 나를 내쫓으시오.

코로스(좌2) 당신은 당신의 운명과 운명에 대한 지혜 때문에 불행하시군
요. 내 당신을 차라리 몰랐더라면!

오이디푸스 짐승이 돌아다니는 황야에서 내 발을 풀고 살인으로부터
구하여 부양한 자는 죽어버리길. 고마울 일이라곤 아예 없었던
그 짓을 한 자! 그때 내가 죽었더라면, 친애하는 이들과 나 스스
로에게 이런 근심은 아니었을 텐데.

코로스(우2) 제 생각에도, 그랬으면 좋았을 것입니다.

오이디푸스 그랬다면, 나는 아버지의 살해범이 아니며 나를 태어나게
한 여인의 신랑이 아니었겠지. 부정한 자의 아들이자 동복형제의

아버지인 나는 이제 신들께 버림받았소. 나, 불쌍한 자여. 만약 모든 해악보다 더한 해악이 있다면, 오이디푸스가 그것을 받았소.

코로스(우2)   저는 당신이 잘 생각해 행동했다고 말씀드릴 수는 없습니다. 눈 먼 채 사는 것보다는 죽는 게 나았을 테니까요.

오이디푸스   이 일이 잘못되었다고 가르치거나 조언하지 마시오. 저승에서 어떤 눈으로 아버지, 그리고 불쌍한 어머니를 보아야 할지 모르겠소. 두 분께 교수형으로도 씻지 못할 고통을 안겼으니 말이오. 또 내 아이들처럼 태어난 아이들을 대면하면, 그 모습이 나를 즐겁게 하겠소? 내 눈에는 결코 아니오! 이 도시도, 이 성탑도, 신들의 신성한 조각상도 보고 싶지 않소. 한때는 테바이에서 가장 고귀한 사내였던 내가, 그것들을 내 자신으로부터 빼앗았소. 신들과 라이오스가에 의해 부정한 자로 드러난 그놈을 내쫓으라 명령할 때, 그렇게 나의 저주를 공표했으니 똑바른 눈으로 어떻게 이들을 볼 수 있겠소? 그럴 수 없소. 오히려 귀의 근원에 자물쇠가 있다면, 고통스러운 육신을 잠가, 눈멀고 귀먹기 위해 서둘렀을 것이오. 고통스런 일로부터 생각이 멀리 떨어져 있다는 것은 달콤하겠기 때문이오. 오, 키타이론이여! 너는 왜 나를 받아주었는가? 왜 나를 죽이지 않았는가? 그랬더라면 내 태생이 사람들에게 알려지지 않았을 텐데! 오, 폴리보스여, 코린토스여, 조상들로 전승된 오랜 명성을 가진 집이여! 어찌 나를 겉보기에 훌륭한 사람으로 길렀는가? 안에서는 사악함이 독버섯처럼 커져가고 있었거늘! 지금 나는 사악한 자이고, 사악한 아들로 드러났도다. 오,

삼거리여! 감추어진 숲이여! 내 손에서 나의 피와 내 아버지의 피를 마신 너 삼거리의 숲과 골짜기여! 너희가 지켜볼 때 내가 무슨 짓을 저질렀고, 또 이곳으로 와서는 무슨 짓을 저질렀는지 기억하는가? 오, 결혼이여, 결혼이여! 너희는 나를 낳았고, 자식의 자식을 낳아주어 사람에게 일어날 수 있는 가장 수치스러운 일을 이루었구나! 아버지, 형제, 아이들의 피 그리고 신부, 아내, 어머니의 피가 섞였음을 보여주었구나! 좋지 않은 일을 언급하는 것은 좋지 않으니 최대한 빨리, 신들께 맹세코, 나를 다시는 보지 않도록 나라 밖에 숨기시오. 아니면 나를 죽여 묻거나 바다에 던지시오. 그곳이라면 당신들 눈에 띄지 않을 것이오. 어서! 비참한 나를 건드릴 노고를 감수할 가치가 있다고 여기시오. 내 말을 따르시오! 두려워 마시오! 내 사악함은 나만이 짊어질 수 있소.

코로스 당신의 요구가 행동이든 조언이든, 마침 크레온께서 저기 오시고 있습니다. 그분은, 당신 대신 이 나라의 유일한 수호자이시니까요.

오이디푸스 오! 그에게 내가 무슨 말을 할 수 있겠소? 전에 내가 그를 아주 나쁘게 여겼거늘, 어떻게 그에게 진정한 믿음을 요청한단 말이오.

크레온 저는 당신을 모욕하러 온 것이 아닙니다, 오이디푸스! 지난 잘못을 꾸짖으려는 것도 아닙니다. (옆 사람들에게) 그대들은 필멸의 종족인 인간은 두려워하지 않더라도, 모든 것을 기르는 헬리오스 신의 화염은 존경하시오! 땅도, 신성한 비도, 빛도, 고개를 돌릴

이런 사악을 감추지 않으면 안 되니, 어서 그를 집으로 데려가시
오. 집안의 해악은 집안사람들만이 보고 듣는 게 경건한 일일 것
이니 말이오.

오이디푸스 신들께 맹세코, 당신은 나의 지독한 예상을 떨쳐내고 가장
고결한 영혼으로서 왔소이다. 그러니 내 말을 들어주시오. 내가
아니라 당신을 위해서 하는 말이오.

크레온 무엇을 얻으려고 그리 청하시는지요?

오이디푸스 내가 사람들과 말을 섞지 않도록, 나를 최대한 빨리 이 나라
에서 내쫓아주시오.

크레온 그것도 좋지만, 어떻게 하는 게 좋은지 신께 먼저 물어봐야겠소.

오이디푸스 그분의 말은 이미 완전히 밝혀졌소이다. 불경한 친부살인범
을 죽이라고 하지 않았소?

크레온 그렇게 말씀하셨죠. 하지만 이런 지경이니 어떻게 해야 하는지
다시 듣는 게 더 나을 겁니다.

오이디푸스 이 비참한 자 때문에 수고스럽게 또 묻겠다는 거요?

크레온 당신은 이제 신을 믿으실 테니까요.

오이디푸스 그렇소. 하지만 당신에게도 부탁하오. 집에 누워 있는 저 여
인을, 당신이 원하는 대로 장례를 치러 주시오. 당신은 그럴 자격
이 있소. 나에 대해선, 내 선조의 도시가 나를 살아서는 주민으
로 받아들일 가치가 없다고 여기시오. 대신에 어머니와 아버지께
서 살아계실 적에 나의 묘지로 선택하신, 유명한 나의 키타이론
산에서 내가 살게 해주시오. 나를 죽이려 하셨던 그 방식으로 내

가 죽도록 말이오. 나는 알고 있소. 나를 죽이는 것은 병도, 다른 어떤 것도 아니라는 것을 말이오. 불행한 운명이 아니었다면 나는 죽음으로부터 살아남지 못했을 테니까. 그러니 내 운명이 가려는 대로 가게 내버려두시오. 내 사내자식들은 걱정하지 않아도 될 거요, 크레온! 그들은 어디로 가든 사내들이니 살아갈 방편이 없지는 않을 테니 말이오. 그러나 비참하고 불쌍한 두 딸, 음식이 부족한 적 없었고, 언제나 내 식탁 위에서 나와 함께 먹을 것을 나누었던 처녀들은 받아들여 돌봐주시오. 그리고 가능하다면 그들을 내 손으로 만지고, 불행을 실컷 애도하도록 허락해주시오. 오, 왕이여, 허락해주소서! 허락해주소서, 고귀한 혈통에서 태어난 이여! 그 애들을 내 손으로 만질 수만 있다면, 그들을 눈으로 본 것처럼 여길 것이오.

(안티고네와 이스메네 등장.)

오이디푸스 아니, 이 무슨 일인가? 신들께 맹세코, 사랑스러운 딸들이 나 때문에 우는 소리를 듣고 있는 게 아닌가? 크레온이 나를 불쌍히 여겨 나에게 사랑스러운 자식들을 보내주었구나. 내 말이 맞소?

크레온 맞습니다. 방금 제가 데려오라 했습니다. 그들이 당신의 행복이었던 것을 아니까요.

오이디푸스 축복이 그대에게 내리기를! 신령께서 나를 지켜준 것보다 그대를 더 나은 길로 이끌어주시기를! 오, 아이들아, 어디 있느냐? 이리 오거라. 형제인 나의 손에게로 오거라. 자신이 태어난 곳에서 너희를 낳은 무지하고 미숙한 아버지의 손으로, 한때는 빛났던 눈을 뜯어낸 손에게로 오거라. 남은 침울한 일생동안 너희들이 사람들로부터 어떤 압제를 견뎌야 할지 생각하면 너희를 볼 수 없지만, 너희를 위해 울음이 나오는구나. 도시의 어떤 모임, 어떤 축제, 어떤 축제행렬에 함께할 수 있겠느냐? 집에서 울고 있겠지. 결혼할 나이가 되면, 누가 나와 너희의 자식들에게 쏟아질 그 모욕과 치욕을 감수하려 들겠느냐? 이 세상의 해악 중 너희에게 빠진 해악이 있느냐? 아버지는 그의 아버지를 살해했고, 그 자신이 태어난 밭에 씨를 뿌려 너희들을 낳았다는 모욕을 들을 것이다. 그러니 누가 너희와 결혼을 해주겠느냐? 아무도 없을 것이다. 아이들아, 너희들은 결혼도 하지 못하고 시들어 늙어가겠구나. 오, 메노이케우스의 아들 크레온이여! 이 애들을 낳은 우리는 몰락했고, 그대만이 이들의 아버지로서 남았으니, 이들이 불쌍하게 결혼도 못한 채 방랑하도록 방치하지 않길 바라나이다. 그대가 이 애들을 불쌍히 여긴다면, 이들이 나와 같은 해악을 겪지 않게 해주오. 불쌍히 여겨주시오. 이 어린 나이에 그들은 홀로 남겨졌다오. 그대에게 달려 있소. 고귀한 자여! 그대의 손을 얹어 약속해주시오. 아이들아, 너희가 더욱 성숙했다면 나는 더 많은 충고를 남겼겠지만, 지금 이것만은 기원하려무나. 어디서 살게 되든지 거기서, 너희를 낳은 아버지보다 더 나은 삶을 만나게 해달라고 말이다.

크레온 됐습니다. 충분히 비통해하셨으니 이제 집으로 들어가시지요.

오이디푸스 내키지 않는 길이라도 따라가야겠지요.

크레온 무엇이든 때에 들어맞을 때 아름다운 법이지요.

오이디푸스 내가 무슨 조건으로 가는지 그대는 알고 있겠지요?

크레온 말하세요. 들으면 알겠지요.

오이디푸스 고향에서 나를 내쫓아주시오.

크레온 신께서 주시는 걸 나에게 요구하는군요.

오이디푸스 나보다 신들께 더 미움 받는 자도 없지 않소?

크레온 그러니 곧 그것이 이루어지겠지요.

오이디푸스 허락하는 것이오?

크레온 제 뜻이 아닌 빈말을 나는 하지 않아요.

오이디푸스 나를 이곳에서 데려가주시오.

크레온 자 가시지요. 아이들은 놔두시고요!

오이디푸스 내게로부터 이 아이들을 빼앗지 마시오!

크레온 모든 것을 지배하려 하지 마세요. 당신이 소유했던 것조차 당신
　　　　을 평생 따르지는 않았으니 말이오.

코로스 오, 내 조국 테바이의 주민들이여! 저기 유명한 수수께끼를 풀었
던, 제일인자였던 남자 오이디푸스를 보시오. 그를 부러워하지 않은 사
람 그 누가 있었소! 보시오! 그런 그가 지금 얼마나 큰 운명의 폭풍에 빠
져 있는가를. 그러니 마지막 날을 보기 전에는, 필멸의 인간 중 누구도
행복한 삶이라고 기리지 마시오. 고통을 겪지 않고서, 드디어 삶의 저 너
머로 건너가기 전에는!

1.《오이디푸스왕》의 1막 1장을 보면, 극의 무대가 되는 테바이에 역병이 돌고 있습니다. 실제로 기원전 431년 펠로폰네소스 전쟁이 터진 지 1년 만에 그리스에는 엄청난 역병이 돌았고, 그후 일년쯤 지나 역병의 한복판에서《오이디푸스왕》이 무대에 올려집니다. 이 책에서는《펠로폰네소스 전쟁사》의 기록을 통해 역병의 참상과 피해를 묘사하고 있습니다. 우리가 겪고 있는 코로나19와 어떻게 다르고 같나요? 서로 비교해봅시다. 그리고《오이디푸스왕》에서 역병에 대처하는 그리스인들의 방식을 찾아봅시다. (12~21쪽)

2. 오이디푸스는 '스핑크스의 수수께끼'를 풀어 테바이의 시민들을 구합니다. 당시 사람들은 스핑크스를 어떻게 생각했을까요? 이집트와 그리스 신화에서 찾아 살펴봅시다. 그리고 '스핑크스의 수수

께끼'를 풀었다는 것이 무엇을 의미하는지 알아봅시다. (21~27쪽)

3. 오이디푸스의 처남인 크레온이 델포이로 가서 포이보스(아폴론)의 신탁을 받아옵니다. 신탁을 전해 받은 오이디푸스는 약속을 합니다. 신탁과 약속의 내용은 각각 무엇인지 알아봅시다. (31~34쪽, 47~48쪽)

4. 작품에 코로스가 자주 등장합니다. 코로스는 '일반적인 사람들의 느낌이나 판단을 알리는' 역할을 합니다. 극의 흐름에 따라 오이디푸스에 대한 코로스의 태도가 변합니다. 각 막별로 이런 변화를 잘 관찰할 수 있는 대사를 한두 개씩 뽑아봅시다. (역병이 돌 때, 눈 먼 테이레시아스의 예언이 나온 후, 혐의를 의심하는 오이디푸스와 크레온의 대화 후, 살인자가 밝혀진 후 등등.)

5. 아내 이오카스테가 "오, 불쌍한 분! 내가 할 수 있는 말은 이 말뿐!"라며 사라진 후에도, 오이디푸스는 "내가 누구인지 완전히 알아내기 전에는 그만두지 않을 것이오."라고 말합니다. 예감이 불안할 때, 사건의 전모가 드러나는 것을 딱! 멈출 수 있는 권력이 있지만, 오이디푸스는 그렇게 하지 않습니다. 이런 오이디푸스에 대해 자신의 생각을 말해봅시다. (137~138쪽, 142~147쪽)

6. 해설자로 등장하는 세 친구의 대화를 살펴보면 공자, 맹자, 그리스인들, 그리고 플라톤이 신을 어떻게 생각하는지가 나옵니다. 관련 구절을 책에서 찾고, 각각 어떤 차이점이 있는지 말해봅시다. (27쪽, 70쪽, 153~159쪽)

7. 오이디푸스는 어떤 잘못을 했길래, 이토록 비참할까요? 잘못에 대한 세 친구의 대화를 살펴보고, 오이디푸스가 왜 위대한지 말해 봅시다. (166~172쪽)

8. 작품에는 '아이러니'가 곳곳에 숨겨져 있습니다. 오이디푸스의 결백을 풀어주는 단서 같은데, 이 단서는 극이 흘러갈수록 상황을 더 악화시킵니다. 이런 아이러니가 잘 드러난 구절과 내용을 찾아보고, 극 중에서 아이러니의 효과는 무엇인지 말해 봅시다.

9. 아래 이름은 작품에 등장하는 오이디푸스의 가족들입니다. 오이디푸스의 진실이 밝혀지기 전과 후의, 가족 관계도를 그려봅시다. (오이디푸스, 크레온, 메노이케우스, 라이오스, 랍다코스, 카드모스, 폴리도로스, 아게노르, 폴리보스, 메로페, 이오카스테, 안티고네, 이스메네)

10. 다음은 《오이디푸스왕》을 함께 읽었던 학생이 쓴 독후감입니

다.[*] 읽어 보시고 공감하는 내용이 있으면 표시하고, 왜 그런지 함께 이야기를 나눠봅시다.

소포클레스의 비극 《오이디푸스왕》은 위대한 왕으로서 오이디푸스를 비추며 시작한다. 오이디푸스가 통치하는 신성한 도시 테바이에 이유를 알 수 없는 역병이 돌고, 시민들은 그들의 자상한 왕 오이디푸스에게 고통을 호소한다. 왕은 신에게 까닭을 묻기 위해 신탁을 받는데, 그 내용인즉 선왕 라이오스를 살해한 불경한 자를 추방하라는 것이었다. 오이디푸스는 그 불경한 자를 결단코 찾아내어 처단하리라 맹세하게 되고, 그의 기구한 운명은 거기서부터 자취를 드러내기 시작한다.

오이디푸스는 예언자 테이레시아스와 자신의 부인 이오카스테, 신하들과 전령들의 진술을 들으면서 사건이 파헤쳐질수록 그 단서들이 모두 자신을 가리키고 있음을 알게 된다. 그는 혼란스럽다. 현명한 판단으로 지금까지 올곧게 살아왔다는 자신에 대한 믿음이, 그 신념이, 자신의 정체성이, 자신이 아는 자신이 다른 무엇도 아닌 바로 선왕 살인자라는 이름으로 깨지려 하고 있었기 때문이다. 그럼에도 그는 진실을 끝까지 밝혀내고, 거기서 자신의 정체성을, 그 친부살해와 근친상간이라는 끔

---

* 이 글은 나재연 학생이 《오이디푸스왕》을 읽고 쓴 독후감이다. 그는 고등학교 1학년이며, 조윤, 일훈, 무하, 민석 그리고 이양호 샘과 함께 2년간 다양한 책을 읽고 이야기를 나눴다. 약간의 맞춤법을 뺴곤 학생의 글 그대로 실었음을 밝힌다.

찍한 죄목의 굴레가 자신에게 씌워져 있음을 잔인하리만치 확실히 확인한다. 오이디푸스는 자신의 운명을 받아들이고 죽음과도 같은 좌절과 고통에 휩싸이지만 그 마지막 순간까지도 자신의 정신적 가치를 타락시키지는 않는다.

이 비극은 신이 내린 거역할 수 없는 운명과 그것에 대립하는 인간의 숭고한 의지를 보여주는 소포클레스의 대표적인 작품이다. 오이디푸스는 자신의 운명 앞에서 좌절하고 절망하지만, 이야기 전체를 통틀어 결코 운명을 감추거나 거부하여 회피하려는 행동은 보이지 않는다. 그저 정면으로 받아들일 뿐이다.

수천 년 전에 쓰인 이 그리스 이야기가 오늘날까지도 위대한 작품으로 일컬어지는 이유는 바로 여기에 있다. 신이 내린 운명 앞에서도 비굴함을 마다하는 인간 정신, 끔찍한 비극으로 말미암아 얻을 수 있는 강력한 정신적 쾌감, 바로 카타르시스를 느낄 수 있기 때문이다.

그러나 그저 끔찍한 비극이라고 해서 쾌감을 느낀다면 그것은 그저 인간 이하의 감정일 뿐이다. 《오이디푸스왕》이 의심의 여지 없이 비극인 것은 사실이지만, 소포클레스가 이것을 통해 보여주고자 했던 것은 이렇게나 간단한 비극성, 그것 자체는 아니다. 그가 쓰고자 했던 것은 이 끔찍한 비극을 통해 더욱이 부각되는 위대한 인간상에 관한 것이다. 파멸을 맞이하고 난 후의 오이디푸스의 모습에서 그러한 메시지는 확실하게 드러난다.

"친구들이여, 아폴론, 아폴론, 바로 그분이시오. 내게 이 쓰라리고 쓰라린 일이 일어나게 하신 분은. 하지만 내 이 두 눈은 다른 사람이 아닌 가련한 내가 손수 찔렀소이다."

이야기의 비극이 절정으로 치달은 뒤에, 싸늘하게 식은 아내의 시신 앞에서 자신의 눈을 찌르고 그는 이렇게 절규한다. 여기서 오이디푸스는 자신의 행동을 신이 아닌 자신이 결정지었다고 확실하게 강조하고 있다. 이 비극이 신이 내린 저주에 놓아난 것에서 오이디푸스 자신의 것으로, 자신의 행동에 따른 결과로 치환되는 것이다. 끔찍한 운명에 회피 없이 당당히 맞섬으로써 그의 정신은 또 다른 방식으로 숭고해진다.

자신의 운명에 정면으로 맞섬으로써 그것을 지나쳐온다. 오이디푸스는 이 비극을 통과하면서 미쳐버리지도, 타락하지도 않았다. 절망하고 신음하지만 이제 그것을 이겨내었고, 자신도 모르는 사이에 저지른 끔찍한 죄의 대가를 톡톡히 치룸으로써 마침내 '정화'된다. '정화감'. 위대한 왕의 입지에서 바닥의 바닥까지 추락한 이가 결코 굴복하지 않음으로써 얻은 이것은, 보는 이로 하여금 어떤 강력한 감정을 느끼게끔 만든다. 이것은 오늘날 '카타르시스'라고 흔히 불리운다.

니체의 《비극의 탄생》과 오이디푸스왕

독일의 위대함을 선포하라

《비극의 탄생》은 기념비적인 책이지만 끝내 반쪽짜리로 끝났다. 20대 중후반*이라는 팔팔한 나이에 썼기 때문도 아니고, 니체의 실력이 모자라서도 아니다. 운명 때문이었다. 그 책은 반쪽일 수밖에 없었다. 니체는 음악정신의 표상이 디오니소스라고 말하며 이렇게 말했다.

> '음악정신으로부터의 비극의 탄생'을 최종적으로 스스로에게서 확인하였다. (12쪽)**

---

* 니체는 1844년에 태어났고, 이 책은 1871년에 완성되었다.

** 니체 지음, 김출곤·박술 옮김, 《비극의 탄생》, 인다, 2017. 앞으로 《비극의 탄생》은 쪽수만 표시함.

디오니소스로 표상되는 '근원적인 일렁임'을 '글자'에 담은 게 비극이라는 소리다. 그리스 비극[*]이 생동할 때는 그 일렁임이, 디오니소스 정신이, 음악을 통해 나타났을 수도 있다. 그런데 니체는 그로부터 2300여 년 뒤에 살았다. 2300년 전의 음악은 지구를 떠나가 버린 지 한참이나 되었고, 글자만이 홀로 빛나고 있었다.

니체가 2300년 전의 음악을 무슨 수로 복원할 수 있었겠는가? 그의 엄청난 감수성이 글자로 된 가사만 보고서도, 2300년 전의 음악을 듣고 느낄 수 있었을지는 모른다. 그렇다손 치더라도,《비극의 탄생》이 완성될 수 없는 책이라는 점은 바뀌지 않는다. 그리스비극 정신을 아이스킬로스와 소포클레스가 비극 작품으로 형상화했다고 니체가 아무리 외쳐도, 그 책을 보는 우리는 그 비극 작품에서 그때의 음악을 듣고 느낄 수 없다.

사실은 니체 자신도 2300년 전에 '그리스 비극'을 통해 나타났던 음악을 들은 게 아니다. 바그너의 음악을 듣고서, 그때의 음악이 되살아났다고 흥분했을 뿐이다.《비극의 탄생》이 반쪽일 수밖에 없는 까닭이다.

니체는 바그너에 도취되어 쓴 지 몇 년이 지나서야,《비극의 탄

---

[*] 김출곤·박술에 따르면, 니체는 '그리스'를 소크라테스 정신이 퍼진 뒤의 아테네를 가리킬 때 썼고, 그 이전, 즉 비극의 정신이 살아있었을 때는 '헬라스'로 구별해 썼다고 한다. 그렇다면 '헬라스 비극'이라고 하는 게 더 맞는 말이지만, 편의를 위해 '그리스 비극'이라 하였다.

생》을 쓰던 당시 그 자신이 너무나 흥분해 있었다는 것을 깨달았다. 바그너의 음악을 그리스 비극에 덮어 씌웠다는 사실을 그때서야 알아차린 것이다. 자신이 쓴 작품을 되돌아보는 책,《이 사람을 보라》에서 그는 다음처럼 고백했다.

> 내가 젊은 시절에 바그너 음악에서 들었던 것은 바그너와는 전혀 관계도 없다는 것 ; 디오니소스적 음악에 대해 기술했을 때에 나는 내가 들었던 바를 기술했다는 것 ― 내가 모든 것을 본능적으로 내 안에 담지하고 있던 새로운 정신으로 옮기고 변형시켜야만 했다는 것…… 텍스트에서 바그너라는 단어가 나오면, 거기에 내 이름이나 '차라투스트라'라는 단어를 한 점 주저함 없이 세워도 무방하다. (《이 사람을 보라》, 394~395쪽)

물론《이 사람을 보라》에서 니체가 '일렁임'이 근원세계의 꼴이고, 그것이 음악을 통해 현상세계에 나타난다는 초기의 생각까지 부정한 건 아니다. 그는 디오니스적인 근원이 음악을 통해 미래에 다시 나타나게 될 것을 "열광적"으로 믿었다. 《비극의 탄생》에서 숭배심조차 비쳤던 바그너와 그의 음악을 니체 스스로 통렬히 비판하던 자리에서도 니체는 디오니스적인 음악이 극으로 탄생할 것을, 즉 "삶에 대한 긍정에서 최고의 예술인 비극이 부활할 것"을 선언했다. 무조건!

　　이 책(《비극의 탄생》)에서는 엄청난 희망이 이야기되고 있다. 결국 나
는 음악의 디오니소스적 미래에 대한 희망을 파기할 이유가 없다. ……
인류가 가장 가혹하지만 가장 필연적인 투쟁을 벌이면서도, 그 때문에
고통당하지 않은 채로 그 투쟁의식을 뒤로할 때에, 삶에 대한 긍정에서
최고의 예술인 비극이 부활할 것이다. (《이 사람을 보라》, 394쪽)

　　사실《비극의 탄생》은 본격적인 니체 사상이라 할 수 없다. 니체
에 의한 쇼펜하우어 사상의 '변주' 정도로 여기는 게 맞다. 쇼펜하
우어 사상의 고갱이는 '의지'와 '표상'이다.《비극의 탄생》에 들어
있는 고갱이도 이 둘이다. 단지 이름을 달리했을 뿐이다. 의지는 디
오니소스적인 것이자 "음악 충동(정신)", 표상은 아폴론적인 것이자
"조각 형상"이라 달리 불렀을 따름이다.* 이렇게 달리 부른 점, 쇼펜
하우어의 사상이 구체적으로 발현된 현장이 그리스 비극이라고 주
장한 점이 '니체의 변주'에 해당한다. 니체의 변주는 딱 그만큼이다.**

---

* 　영원회귀 사상 뒤, 니체가 생각한 '의지' 개념은 쇼펜하우어의 그것과 사뭇 달라진다. 하
　　지만《비극의 탄생》때엔 니체의 디오니소스 정신에 의한 음악 충동은 쇼펜하우어의 '의
　　지' 개념과 판박이이다.

** 　물론《비극의 탄생》에 쇼펜하우어를 변주한 것만 들어있는 것은 아니다. 니체 자신의 것
　　이라 할 수 있는 것도 있다. 니체는 스스로 자신을 비판하는 자리에서, 소크라테스 이래

《비극의 탄생》은 독일정신의 위대함을 선포할 근거를 마련하기 위한 책이다. 그리스 비극의 위대성을 말하고 있지만, 실상 그가 하고 싶었던 소리는 그것이 아니다. 그 위대한 정신이 독일에서 바흐, 베토벤을 거쳐, 바그너 음악에서 결정적으로 부활했다는 것을 선포하기 위한 터 닦기 작업이었을 뿐이다. 글자로 된 그리스 비극만을 보고서도, 거기에서 음악을 듣고(?) 도취될 수 있었던 까닭이다. 바그너 음악을 듣고서 그리스 비극에 들어있는 음악을 들은 셈 친 것이다.

이렇듯 《비극의 탄생》은 그리스 비극에 대한 이해에 푯대를 둔 책이 아니다. 독일에 그리스 정신이 부활했다는 것을 알리기 위한 책이다. 니체가 이 책을 쓰던 때, 독일은 프랑스와 전쟁 중이었다. 《비극의 탄생》 출판(1872년) 1년 전에, 니체는 교수직을 내려놓고 보불(독불)전쟁(1870~1871년)에 자원해 참전했다. 참전한 지 4개월 만에 그는 이질과 디프테리아에 감염되어 집으로 돌아와야 했다. 퇴역한 니체는 보불전쟁 시기 때 강연하고 발표했던 글을 다듬고 보충해 책으로 펴냈다. 《비극의 탄생》이 '탄생'할 때, 니체의 근황과 정신이 이랬다. 니체는 이렇게 말했다.

'서양 학문'의 왜소성을 비판한 것과 그 책에서 주장하는 음악 충동의 근원성은 그 자신의 것이며, 여전히 유효하다고 했다. 하지만 앞엣것은 낭만주의와 바그너 사상의 변주라 해야 할 것이다. 뒤엣것만은 오롯이 니체 자신의 것이라 하겠다.

독일정신의 디오니소스적 근본에서 한 권력이 솟아올랐으니…… 다름 아닌 독일음악, 특히 바흐에서 베토벤으로, 베토벤에서 바그너로 달려가는 태양의 광막한 운행인 것이다. 오늘날 인식에 욕정을 품은 소크라테스주의[*]가, 아무리 여건이 좋다 한들, 고갈될 수 없는 심층에서 솟아오른 그 신귀에게 저지를 수 있는 일이 무엇이겠는가? (190~191쪽)

이때 니체는 "힘(권력)에의 의지"라기보다는 '독일음악에의 충동'에 옴팡 빠져 있었다. 그래서 그는 오페라를 파멸시켜야 한다는 사명감(?)에 불타올랐다. 오페라는 안타깝게도(?) 이탈리아에 기원을 두고 있기 때문이다. 그는 오페라가 "허황되고 유치한 장난에 지나지 않는…… 환영"이라고, 근거도 내세우지 않은 채 막 말했다.

오페라의 면모를 살펴보면, 영원한 상실로 인한 비가悲歌적 고통이 없고 오히려 영원한 재발견의 명랑성이 있으며, 적어도 사람들이 언제든 현실적이라고 상상할 수 있는 목가적 현실에 대한 안락한 욕망이 있다. 하지만 그렇게 오인된 현실이 허황되고 유치한 장난에 지나지 않음을 사람들이 예감할 날이 언젠가는 올 것이다. 그리고 그것을 참된 자연의 공포스러운 심각함에 비추어 측정하고 또 인류 태초의 진정한 원초무

---

[*] 니체는 그리스 비극 정신의 쇠퇴를 가져온 사상이 바로 소크라테스적 정신이라고 생각했다.

대와 비교해볼 자라면 누구나 그것을 역겨워하며 소리칠 것이다. 환영
은 집어치워라! (188쪽)

니체가 '독일음악에의 충동'에 얼마나 깊이 빠져들었는가는 니
체의 다음 말에 아주 또렷하게 새겨져 있다.

독일음악이야말로 우리의 모든 문화 가운데에서 유일하게 순수하고
순정한, 만물을 정련하는 바로 그 불의 정신이기 때문이다. 우리가 지금
문화, 교양, 문명이라 부르는 모든 것은, 이렇듯 속일 수 없는 판관 디오
니소스 앞에 언젠가는 반드시 출두하게 될 것이다. (192쪽)

'독일음악만이 유일하게 순수하고, 정화시킬 수 있는 힘이 있다.'
이게, 그때, 니체 속에서 꿈틀거리던 충동이고, 힘이었다. 사실은
니체가 '독일음악'에의 충동이라기보다는 '독일'에의 충동에 깊이
빠져 있었다고 하는 게 실상에 가깝다. '독일음악'만 높이 치는 게
아니라, '독일철학'도 그에 버금가게 높이 세우려 한 게 그 증거다.
칸트 철학을 "디오니소스적 지혜"라 말할 정도로 그는 흥분한 상태
였다. "독일철학과 독일음악 간에 이루어진 합일이 새로운 현존"을
가리키고 있다고 할 정도로, '독일'이란 낱말이 그의 넋을 온통 차
지하고 있었다.

동일한 원천에서 흘러나온 독일철학의 정신은 칸트와 쇼펜하우어를 통해 학문적 소크라테스주의의 한계를 입증하고, 자체적으로 만족하는 현존욕망을 파멸시킬 수 있었다. 그리고 윤리적 물음과 예술에 대하여 무한히 심오하고 심각한 관찰이 시작되었으니, 우리는 독일철학을 개념적으로 파악된 디오니소스적 지혜라고 서슴없이 일컬을 수 있다. 독일음악과 독일철학 간에 이루어진 이와 같은 합일의 비의는 새로운 현존형태를 가리키고 있으니…….(192~193쪽)

"독일철학을 개념적으로 파악된 디오니소스적 지혜라고 서슴없이 일컬을 수 있다"고 '서슴없이' 써내려간《비극의 탄생》이 얼마나 '충동적인 탄생'인지 알 수 있다. 니체는 도대체 왜 이렇게까지 흥분했을까? 이 책의 '탄생'에 그 비밀이 있다. 화약 냄새를 맡으며, 독일의 승리를 추동하고, 축하하기 위해 탄생한 책이《비극의 탄생》이기 때문이다. 사실은 그 이상이다. 이제야 비로소 "로만계 문명"으로부터 해방될 수 있는 절호의 기회를 얻었다는 생각이 그를 주체하지 못하게 했다.

아울러 독일정신에게 비극적 시대의 탄생이란 다만 자기 자신으로의 회귀, 복된 자기 재발견을 뜻할지도 모른다는 자각이 우리 안에서 깨어나고 있다. 이렇게 되기까지 그동안 '외부에서 침입한 무시무시한 권력들'이 '구제불능의 야만적 형태 속에서 허송세월하는 독일정신'을 강제로 자신들의 형태 아래 긴 세월 예속시키고 있었던 것이다. 이제 드디어 독일정신은 자기 본질의 원천으로 귀향하고, 로만계 문명의 보호와 속박을 벗어던지고 여타 민족들 앞을 대담하고 자유롭게 활보할 수 있을 것이다. (193쪽)

이제 '독일'문명의 시대가 열린(?) 것이다. 니체가 보기에 우주의 '근원적인 힘'이 그리스 비극에 구현되어 나타난 적이 있었는데, 이후 2000년 넘게 사라져버렸다. 그것이 지금 '독일' 음악 특히 바그너 음악을 통해 부활했다는 것이다. 이 사실을 알려 독일의 위대함을 선포하자는 것이 《비극의 탄생》의 푯대였다. 딱 그것이었다. 그랬기에, 《비극의 탄생》에는 그리스 비극 작품에 대한 구체적인 천착이 민망하게도 미미하다. 《비극의 탄생》은 그리스 비극 작품을 이해하는 데는 그리 쓸모가 없다.*

---

* 니체 사상을 이해하는 데도 《비극의 탄생》은 맨 뒷자리에 있어야 한다. '영원회귀' 체험(?) 이후 니체의 사상이 많이 바뀌었기 때문이다. 그래서 니체 스스로 자신의 사상을 이해하는 입문서로, '영원회귀' 체험 직후에 써내려간 《선악의 저편》과 《도덕의 계보》를 들었다. 다만 니체의 사상이 아니라, 니체의 무의식이나 그의 심리를 파악하기 위해선 《비극의 탄생》이 중요하다고 말할 수 있다.

이 세상 너머의 명랑성을
보여준 인물

그리스 비극 작품에 대한 구체적인 분석이 《비극의 탄생》엔 전반
적으로 빈곤하다. 소포클레스의 《오이디푸스왕》과 아이스퀼로스
의 《결박당한 프로메테우스》만은 겨우 체면치레할 정도로는 언급
했다. 《오이디푸스왕》이 "수동성의 영광"을 현시했다면, 아이스퀼
로스의 《결박당한 프로메테우스》는 "능동성의 영광"을 현시해보였
다는 게 니체의 최종적인 판단이다. 이런 판단은 특별한 건 아니다.
그렇다고 작품 《오이디푸스왕》에 대해 니체가 특별한 판단을 하고
있지 않은 건 아니다. 이제 쇼펜하우어와 바그너의 사상에 입각해
느낀 《오이디푸스왕》에 대한 니체의 견해를 구체적으로 살펴보자.
그는 이렇게 말했다.

그리스 무대의 가장 고통스러운 형상, 불행한 오이디푸스를 소포클
레스는 고귀한 인간으로 이해했다. 지혜로운 자인데도 불구하고 오류
와 비참함에 이르도록 점지된 자, 그러나 종국에는 자신이 겪은 엄청난
고난으로 말미암아 주위에 불가사의한 축복의 힘을 행사하여, 죽음 너
머까지도 영향을 미치는 자로 이해했던 것이다. (99쪽)

이런 니체의 견해는 《오이디푸스왕》 작품을 넘어간다. "그리스

무대의 가장 고통스러운 형상"이《오이디푸스왕》이고, "주위에 불가사의한 축복의 힘을 행사하여, 죽음 너머까지도 영향을 미치는 자"는《콜로노스의 오이디푸스》다. 두 작품이 한날 발표된 3부작*에 해당하는 것은 아니지만, 둘 다 소포클레스가 지었을 뿐 아니라 그의 최종작품임을 감안하면, 소포클레스가 '오이디푸스' 설화를 통해 말하려는 게《콜로노스의 오이디푸스》에 들어 있다고 해도 그리 틀린 소리는 아닐 것이다. 소포클레스가 말하려 했던 것이 이것이라고, 앞글에 이어서 니체는 말했다.

　　'고귀한 인간은 죄를 짓지 않는다'고 심오한 시인은 우리에게 말하고자 한다. 그의 행위로 말미암아 모든 법, 모든 자연적 질서, 심지어 윤리적 세계마저 무너질지라도, 바로 그 행위로 말미암아, 와해된 옛 세계의 폐허 위에 새로운 세계를 세우는 효력들에 의하여 더욱 높은 불가사의한 원이 그어진다. 종교사상가로서의 시인은 바로 그것을 말하고자 했던 것이다. (99쪽)

　　소포클레스의 작품을 통해, 니체는 "그(고귀한 인간, 즉 오이디푸스)

---

* 　비극 경연대회의 규칙이 한날에 3부작을 선보이는 것이었다. 그러나 소포클레스가 쓴《오이디푸스왕》,《콜로노스의 오이디푸스》그리고《안티고네》는 3부작처럼 느껴지지만, 실상은 따로따로 발표된 작품이다. 그러니까 이 세 작품마다 각각 두 개의 작품들이 함께 있었다는 소리다. 그것들은 안타깝게도 망실되었다.

의 행위로 말미암아 …… 더욱 높은 불가사의한 원이 그어진다"는 점을 확신했다. 이 확신을 통해 니체는 당시 유행하던 '그리스적 명랑성' — 단순하고 경쾌하며 글자 그대로 명랑한 삶, 그런 삶 너머의 또 다른 명랑성을 보았다. 그는 말했다.

《콜로노스의 오이디푸스》에서도 우리는 동일한 명랑성과 마주치지만, 이는 무한한 변용을 향해 솟아오른 명랑성이다. 당면한 모든 것에 대해 오롯이 고난받는 자로서만 자신을 내맡기는, 지나치게 비참했던 노인 앞에 — 이 세상 너머의 명랑성이 신성한 하늘로부터 강림하여 마주 선다. 그리고 '주인공은 오롯이 수동적인 태도를 취할 때 그의 생애 너머 멀리까지 미치는 최고의 능동성을 얻는 한편, 노년에 이르기 전의 의식적인 기질과 성향은 다만 수동성으로 인도했을 뿐'임을 시사한다. 이렇게 하여, 명멸자의 눈에는 해결 불능으로 뒤얽혔던, 오이디푸스 이야기의 매듭이 서서히 풀린다. (100쪽)

니체는 당시 유행하던 '가벼운' 그리스적 명랑성이 아니라, "이 세상 너머의 명랑성"이라야 "그리스적 명랑성" 개념을 제대로 꿰뚫은 것이라고 보았다. 그 꿰뚫음이 바로 그리스 비극을 이해하는 핵심이고, 그것을 대표적으로 보여주는 인물이 오이디푸스라는 것이다.

소포클레스 빛영상의 현상들은 …… 자연의 내밀한 곳과 참혹함을 들여다본 시선이 필연적으로 내놓은 것들이다. 오직 이 의미로 보아야 "그리스적 명랑성"이라는 의미심장한 개념을 제대로 파악한 것이다. 그런데도 오늘날 어느 길목에서든, 위험이 없는 안락한 상태로 잘못 이해된 명랑성의 개념과 마주치고 있다. (99쪽)

존재의 심연에서 울려나오는 '나'를 형상화한 그리스인

어떻게 '그리스인'에게서 비극이 탄생할 수 있었는가? 니체가 《비극의 탄생》에서 밝힌 바를 요약·정리하면 다음과 같다. 그리스인이 극도로 예민한 감각으로, 인간 삶의 맨 밑에 깔려있는 것을 냄새 맡고 건너다보았기 때문이다. 티탄적인 "야만성"과 그런 삶의 "참혹함"과 "섬뜩함"을 그리스인이 본 것이다. 시간의 신 크로노스에게 잡아먹히지 않을 수 없다는 것을 알아버린 것이다, 그리스인은! 그래서 그들의 입에선, 인간에게 가장 좋은 것은 "태어나지 않은 것"이고, 차선은 "어서 죽는 것"이라는 소리가 절로 새어나왔다.

이것을 알아버린 사람들 앞에는 빤한 두 길이 놓여 있었다. 극단적인 허무주의에 빠져 몰락하는 길*과 로마적인 감각충동에의 길

---

* 니체는 이것을 불교적인 허무주의에의 길이라고 했으나, 이는 니체가 불교를 잘 모르고 한 소리이기에 '불교적인'을 빼고 허무주의만 남긴다.

이 그것이다. 놀랍게도, 그리스인은 이 길로도 저 길로도 가지 않았다. 또 다른 길을 만들어나갔다.

그리스인들은 "아폴론적 아름다움을 향한 충동"을 한껏 풀어서, "올림포스 신들의 질서, 환희의 질서"를 펼쳐보이었다. 이제 이들에게서 가장 음울한 '최선'과 역시 음울한 '차선' 같은 건 가볍게 날아갔다. 오히려 최악과 차악이 고민거리가 되었다. 최악은 '이미 태어난 것'이 아니라 "곧 죽는 것"이었고, 차악은 '아직도 살고 있는 것'이 아니라 "언젠가는 죽는다는 것"이었다. "경쾌한 명랑함"만 그들의 길에 놓여 있는 듯했다.

여기에서 또 다시 그들의 예민한 감각이 작동했다. 그들은 고백하지 않을 수 없었다. "제압당한 티탄들과 영웅들이 그리스인 자신과 내적으로 동족이라는 것을 숨길 수 없었다." 그래서 "그토록 아름답고 절도를 갖춘 자신의 현존"은 모두 티탄적인 "야만"과 "참혹"한 밑바탕을 은폐한 인식일 뿐이라는 것을 공표했다. "그 밑바탕은 디오니소스적인 것을 통하여 재발견되는 것임을 감지할 수밖에 없었다." 어쩔 수 없이 그들은 "경쾌한 명랑함"을 내려놓고, "'티탄적인 것'과 '야만적인 것'은 결국 아폴론적인 것과 하등 다를 바없는 필연(61쪽)"이라고 절규했다.

그리스인은 도대체 삶의 바탕에서 무엇을 보았기에, 티탄적인 것 역시 우리가 피할 수 없는 "필연"이라고 한 것일까? "참된 존재자인 원초일자原初一者*의 실상과 구원을 향한 그것의 의지 때문이다. 원초일자는 디오니소스적인 것을 통하여 발견되는데, "영원토록 고난받고 모순으로 가득 차 있는" 존재이다. 그는 "자신의 항구적인 구원을 위하여, 황홀한 환시와 욕망 어린 가상(표상)이 필요하다." 이 필요 때문에 원초일자는 우리 인간과 그 경험, 뭇 세계의 현존을 낳는다. 원초일자 자신의 구원을 위해서! 니체는 이것이야말로 "피할 수 없는 형이상학적 가정"**이라고 했다.

이 가정을 피할 수 없다면, 참혹하고 비참한 인간이 되는 것 또한 피할 길이 없다. "영원토록 고난받고 모순으로 가득 차 있는" 존재인 "원초일자", 그것의 "가상으로 이루어진 우리"의 삶이다보니, 우리는 날마다 독수리에게 간을 물어뜯기는 프로메테우스처럼 "참혹"하고, 더는 비참할 수 없는 오이디푸스처럼 "단말마"를 토해내지 않을 도리가 없다.

그렇다고 아폴론적인 형상과 빛남이 아주 없어질 수는 없다. 그 역시 우리의 "필연"이기 때문이다. 원초일자의 모순과 고통, 그것의 구원을 위한 "환시와 욕망 어린 가상(표상)"을 감지하는 인간이

---

* 우주의 본래적인 상태.

** 니체가 가정한 "원초일자는 영원토록 고난받고 모순으로 가득 차 있다"라는 말이 정당한지, "피할 수 없는 형이상학적 가정"인지에 대해 논의할 수는 없다. 다만 니체가 왜 그렇게 생각했는지, 고대 그리스인이 정말로 그렇게 여겼는지에 대해 심리학적·문학적·역사학적인 측면에서 따져볼 수는 있다.

있는데, 그 감지는 시인에 의해 음악으로 만들어진다. 이 과정을 거치면서 예술가는 주관적인 '나'를 내려놓고, "존재의 심연에서 울려나오는 '나'를 내어 놓는다." 이때 아폴론적인 형상력形象力이 되살아난다.

서정시인은 먼저 디오니소스적 예술가로서 '원초일자와 그것의 고통, 그것의 모순'과 전적으로 하나가 되고 나서, 그 원초일자의 모상을 음악으로 내놓는다. 그러면 그 음악이, 마치 한 폭의 비유적인 꿈의 영상처럼, 아폴론적 꿈의 영향력 아래 그에게 다시 가시화된다. 이처럼 영상도 개념도 없는 '원초고통의 음악 속 반영'은, '원초고통의 가상 속 구원'과 함께 개별적 비유나 본보기로 제2의 거울상을 낳는다. 디오니소스적 과정에서 예술가는 '자신의 주관성'을 이미 내려놓는다. 그에게 자신과 세계심장의 합일을 보여주는 영상은, 원초모순과 원초고통, 그리고 가상에 대한 원초욕망마저 감각화시키는 한바탕 꿈의 무대이다. 그러므로 서정시인의 나는 존재의 심연에서 울려 나오는 것이며…… (67쪽)

디오니소스적 '도취'와 아폴론적 '현상'을 품은 비극적 인물

그러므로 서정시인이 "미칠 듯한 사랑과 경멸을 동시에 선언"하고 "황홀경에 취해 춤을 출 때", 그것은 '주관적인' 서정시인이 아니다.

그것은 "디오니소스와 마이나데스들"이고, 서정시인은 잠든 상태이다. 이때 아폴론이 그들에게 다가간다. 디오니소스와 아폴론이 만나 '불꽃같은 영상'이 흩뿌려지는데, 그게 바로 비극이다.

그때 아폴론이 다가와 그를 월계수로 어루만진다. 그리하여 잠든 자의 디오니소스적· 음악적 주술이 영상들을 불꽃처럼 주위로 흩뿌리나니, 이것이 서정시이며, 이것이 최고도로 펼쳐져 비극……으로 불리게 된다. (68쪽)

비극은 배우가 가면을 쓰고서 한다. 관객이 보는 것은 배우가 아니다. 원초일자가 현현한 한 인물이다. "관객은 …… 신神의 영상 전체를 부지불식간에 저 가면 쓴 형상에 전이"시킨다. 전이를 통해, 관객과 배우에게 새로운 세계가 열린다. 그들은 원초일자가 "자신의 항구적인 구원을 위하여" 펼쳐내는 "황홀한 환시와 욕망 어린 가상"의 세계를 본다. 낮의 세계보다 더 또렷하게!

새로운 세계가 낮의 세계보다 더 명료하게, 더 분명하게, 더 위력적으로 그러면서도 더 그림자처럼, 끊임없이 변천하면서 우리 눈에 새로이 탄생한다. 그에 따라 우리는 비극에서 단호한 양식상의 대립을 인식한다. 즉, 한편으로는 '가무단의 디오니소스적 서정시' 다른 한편으로는

'무대의 아폴론적 꿈세계'라는 전적으로 분리된 표현의 천구들 간에 서로 다른 언어, 색채, 움직임, 이야기의 활력을 인식한다. (97쪽)

그러나 이 대립은 대립이되, "디오니소스가 아폴론적 현상現像들 속에서 스스로를 객관화하고 있는" 대립이다. 대립적인 것이 '한 형상' 속에 함께 들어와 있다. 그 '형상'은 원초일자의 '모순'을 디오니소스적 '도취'와 아폴론적 '현상現像'으로 품어 안고서, 그것을 '감내하는' 한 인물이다. 비극의 인물은 이렇게 현현한다. 모순을 품었으니 고통스럽지 않을 수 없다. 예사 모순이 아니라, 근원적인 원초일자의 모순이다. 근원적인 모순을 품었으니, 존재가 찢어지는 고통이 아닐 수 없다. 그 대표적인 인물이 바로 "가장 고통스러운 형상" 오이디푸스다.

오이디푸스는 왜 그렇게 고통스러운 형상을 가져야 했는가? 니체는 오이디푸스에게서 자연에 대한 거역을 읽었다. 오이디푸스의 지혜가 자연을 거역했다는 것이다. 니체는 "지혜야말로 자연에 가하는 범죄이다"라며 이렇게 말했다.

자연—이중의 종種인 스핑크스—의 수수께끼를 푼 자는 또한 아버지의 살해자요 어머니의 남편이 되어 가장 성스러운 자연질서를 붕괴시킬 수 밖에 없다. 그렇다, 그 신화는 우리에게, '지혜, 특히 디오니소스적 지혜는 자연을 거역하는 만행이며, 자신의 앎을 통하여 자연을 파멸의 심연에 빠뜨리는 자는 자연의 해체를 몸소 경험해야만 한다'고 속삭이는 듯하다. (101쪽)

전복된 돛대 위에 꽂힌
비도덕주의자의 검은 깃발

섬광처럼 영원회귀를 느낀 니체의 사상은 전변했다. 그에게 이른바 독일정신은 더 이상 지상의 과제가 아니었다. 그는 유럽정신을 들고 나왔다. 나폴레옹을 찬양의 눈길로 쳐다보았다. 영원회귀를 체험(?)했으면 우주정신이나, 못해도 지구정신은 얘기했어야 할 듯한데, 겨우 유럽정신을 얘기했다. 나중에 아리안족의 영광을 외치는 나치에 이용되거나 응용될 씨앗이 니체 자신에 의해 이미 심겨진 것이다. 그러나 그의 사상을 부정적인 쪽에서만 보는 건 공정하지 않다.

개체는 중층적이고, 다면적이며, 각각의 면면마다 상대적인 의미에서 의지(성향)를 갖기에, 영원불변하는 실체로서의 자아 같은 건 없다는 니체의 발언은 눈부시다. 서양의 지독한 실체주의를 단박에 깨뜨리고, 생생하는 삶의 세계를 거룩함이 펼쳐지는 장으로 복귀시키고, 승화시킨다. 원한과 복수심에 사로잡히는 "반응하는 힘"이 아니라, 새로운 것을 만들어내는 "능동적인 힘"을 구사하고,

창조적으로 살라는 '그의 의지론'은 힘 있고, 고고하고, 성스럽다. "학문보다는 예술의 광학으로, 예술보다는 삶의 광학으로 세상을 보아야 한다"는 말은 평범한 인생을 살아가는 대부분의 사람에게 큰 위안을 준다.

미인이건 성자건 현자건, 고향이건 조국이건 그것이 무엇이 되었건, 한 가지 관점에 붙들려 그 때문에 다른 관점, 다른 감각을 무디게 해서는 안 된다.

영원회귀 체험 이후 바뀌기는 했지만, 니체가 젊은 시절에 화약 냄새 맡으며 품었던 이른바 독일정신에 대한 흠모는 사라지지 않았다. 잠복하고 있다가 수시로 출몰했다. 후기 니체 책을 '깊게' 따져보면, 니체는 분명 바뀐 사상을 얘기하고 있다. 하지만 표면에 나타난 그의 사상은 여전히 물리적인 힘, 폭력성을 찬양(?)하고 있다. 민주주의에 대한 혐오, 로마 귀족들의 힘에 대한 흠모, 가진 게 없는 약자에 대한 멸시, 그와 반비례해서 가진 게 많은 강자에 대한 드높은 찬양, 연민과 사랑에 대한 조롱을 여기저기 뿌렸다. 그가 젊은 시절에 포탄에서 맡은 화약 냄새는 그렇게 현현했다. 지독한 포연이었다. 끝내 그는 엄청난 소리를 했다. 생명이란 잡아먹고 잡아먹히는 관계일 뿐이라고 내뱉었다.

생명 자체는 본질적으로 자신보다 약한 타자를 자기 것으로 하고 그것에게 위해를 가하고 그것을 억압하는 것이다. 그것은 냉혹하며, 자신의 형식을 타자에게 강제하고 타자를 자신에게 동화시키는 것이고, 가장 부드럽게 말한다고 해도 최소한 착취하는 것이다. (《선악의 저편》, 259절)

물론 이 모든 것에 대해 깊이 따져보면 다른 맥락에서 말할 수 있고, 그렇게 하는 게 틀린 것도 아니다. 그럼에도 그가 이런 식으로밖에 말을 못한 것은, 그 자신도 어쩌지 못하는 의지에 휘둘리고 있었다고 말해야 한다. 그는 의지의 분열과 분열된 의지들 사이의 충돌을 '영원회귀'의 체험 뒤부터 줄기차게 겪어야 했다. 그 분열은 갈수록 더 심해져 끝내는 완전히 찢어지는 지경에 이르렀고, 결국 길거리에서 쓰러져 다시는 일어나지 못했다.

니체에 대한 글을 끝내면서 마음에 걸리는 게 있다. 《비극의 탄생》을 살피면서 밝힌 것이 니체 사상의 정수라고 여길까 두렵다. 《비극의 탄생》을 통해서는 니체를 알 수 없다. 이것을 부디 기억해주기 바란다. 앞에서도 말했듯이, 《비극의 탄생》은 니체 사상을 이해하는 데엔 끝자리를 겨우 차지하고 있을 뿐이다. 그는 《비극의 탄생》으로 얘기될 수 있는 사람이 아니다. 특별한 사람이다. 그가 어떤 사람인가를 슈테판 츠바이크가 잘 밝혀 놓았다.

미지의 것, 충족되지 않은 그 무엇, 인식되지 않은 것이 그가 정복해

내려는 무한한 영역이며…… 그 어떤 종교상의 계파에 끼지도 않고, 특정한 지역과 연대하지도 않은 채, 거듭 새로운 위험한 항해를 위해, 전복된 돛대 위에 꽂힌 비도덕주의자라는 검은 깃발을 준비한 [사람이다.] 《천재와 광기》, 369쪽)

니체는 위대했다. 그의 삶이 그대로 예술작품이었다. 나를 포함해 아무나 좋아할 수 없는 작품이기는 하지만, 위대한 작품임엔 틀림이 없다. 그는 극단적이었으나 자신에게도 극단적으로 엄격했다. 냉혹하게 칼을 휘둘렀으나, 자신에게도 그 칼날을 가차 없이 휘둘렀다. 그의 번뜩이는 칼날, 극단적이며 신랄하게 쏟아내는 말, 냉혹하며 가차 없는 태도는 그저 얻은 것이 아니다. 그의 온 생명과 평온함을 대가로 치르고서 얻었다. 자신을 두고 그는 이렇게 노래할 수 '있었던' 사람이다.

그렇다, 나는 내가 어디서 왔는지 안다!
불꽃처럼 게걸스럽게
나는 나를 불사르고 스러진다.
빛은 내가 움켜쥐는 모든 것,
숯은 내가 놓아 버린 모든 것,
불꽃이야말로 정말 나 자신이다! 《천재와 광기》, 370쪽)

참고문헌

김상봉 지음,《그리스 비극에 대한 편지》, 한길사, 2003.

김지하 지음,《흰 그늘의 길 2》, 학고재, 2003.

니체 지음, 김출곤·박술 옮김,《비극의 탄생》, 인다, 2017.

니체 지음, 백승영 옮김,《이 사람을 보라. 니체전집 15》, 책세상, 2002.

마광수 지음,《카타르시스란 무엇인가》, 철학과현실사, 1997.

니체 지음,《선악의 저편》, 259절.

슈테판 츠바이크 지음, 원당희 외 옮김,《천재와 광기》, 예하, 1993.

아리스토텔레스 지음,《시학》, 6장 25줄, 브리태니커 그레이트 북스 9권.

임철규 지음,《그리스 비극》, 한길사, 2007.

투퀴디데스 지음, 천병희 옮김,《펠로폰네소스 전쟁사》, 숲, 2011.

플라톤 지음, 박종현 역주,《국가·政體》, 서광사, 1997.

플라톤,《정치학》, 1342.

아리스토텔레스 지음, O.B. 하디슨 해설, 최상규 옮김,《아리스토텔레스의 시
학》, 예림기획, 2002.